U0536025

# 公共图书馆传承中华优秀传统文化的角色与定位

李亚冰 —— 编著

辽宁人民出版社

ⓒ李亚冰　2023

**图书在版编目（CIP）数据**

公共图书馆传承中华优秀传统文化的角色与定位／李亚冰编著．—沈阳：辽宁人民出版社，2023.6
ISBN 978-7-205-10757-4

Ⅰ.①公… Ⅱ.①李… Ⅲ.①公共图书馆—图书馆工作—研究②中华文化—研究 Ⅳ.① G258.2 ② K203

中国国家版本馆 CIP 数据核字 (2023) 第 077210 号

出版发行：辽宁人民出版社
　　　　　地址：沈阳市和平区十一纬路25号　邮编：110003
　　　　　电话：024-23284321（邮　购）　024-23284324（发行部）
　　　　　传真：024-23284191（发行部）　024-23284304（办公室）
　　　　　http://www.lnpph.com.cn

| | |
|---|---|
| 印　　刷： | 辽宁新华印务有限公司 |
| 幅面尺寸： | 145mm×210mm |
| 印　　张： | 8.5 |
| 字　　数： | 195千字 |
| 出版时间： | 2023年6月第1版 |
| 印刷时间： | 2023年6月第1次印刷 |
| 责任编辑： | 阎伟萍　孙　雯 |
| 封面设计： | 留白文化 |
| 版式设计： | Sunny |
| 责任校对： | 耿　珺 |
| 书　　号： | ISBN 978-7-205-10757-4 |
| 定　　价： | 68.00元 |

# 前　言

参天之木，必有其根；怀山之水，必有其源。文化是民族的血脉，是人民的精神家园，是一个国家软实力的重要象征。新时代要传承和弘扬中华优秀传统文化，必须要与时代发展接轨，积极满足人们的精神文化需求，促进中华优秀传统文化创造性转化、创新性发展，让中华优秀传统文化重新生机勃发。

《中华人民共和国公共图书馆法》规定：公共图书馆应当坚持社会主义先进文化前进方向，坚持以人民为中心，坚持以社会主义核心价值观为引领，传承发展中华优秀传统文化，继承革命文化，发展社会主义先进文化。公共图书馆是构成现代公共文化服务体系的重要机构，是文化传承的重要场所，应当以传承中华优秀传统文化为己任，既重视"藏"的基础工作，又重视"传"的拓展服务，做到"藏""传"并重。公共图书馆应当充分挖掘文献资源的丰富内涵和当代价值，以贴近生活、生动有趣的方式进行展示，并通过科技赋能与现代传播手段接轨，让人们从内心深处认同和接纳中华优秀传统文化。

本书以推动公共图书馆中华优秀传统文化传承的常态化、高质量发展为目标，从阅读推广、文献资源、服务空间、读者活动和科技赋能的角度明晰了中华优秀传统文化传承的有效路径。全书既有理论知识又有实践案例，主要内容包括：中华优秀传统文化及其创新性传承，简述中华优秀传统文化精髓及传承现状，构建公共图书馆传承中华优秀传统文化的时代场景；公共图书馆阅读推广与中华优秀传统文化传承，以阅读推广工作为载体，积极推进中华优秀传统文化典籍的阅读；强化文献资源建设，为中华优秀传统文化传承筑牢物质基础；营造传统文化空间，发挥空间育人的作用；创新读者活动，以多元化模式、叠加化效应激发读者兴趣，吸引更多的读者体验中华优秀传统文化；文化与科技融合，让中华优秀传统文化"活起来""火起来"，降低传承门槛，提升传承品质，推动中华优秀传统文化的大众化传承、创新性发展。

滋养民族心灵，培育文化自信，公共图书馆责无旁贷。本书倡导公共图书馆应主动融入传承中华优秀传统文化的国家战略，其内容对于公共图书馆开展常态化中华优秀传统文化传承工作具有借鉴意义和启示作用。

# 目　录

前　言 ································································································ 001

## 第一章　中华优秀传统文化及其创新性传承 ··········································· 001
### 一、中华优秀传统文化界定 ······························································ 002
（一）文化 ··················································································· 002
（二）中华传统文化 ········································································ 004
（三）中华优秀传统文化 ·································································· 004
### 二、中华优秀传统文化的主要内容和思想精华 ····································· 006
（一）中华优秀传统文化的主要内容 ··················································· 006
（二）中华优秀传统文化的思想精华 ··················································· 012
### 三、中华优秀传统文化的创新性传承 ·················································· 014
（一）传承中华优秀传统文化的原则 ··················································· 014

（二）创新性传承中华优秀传统文化的路径与方法 ……… 017

# 第二章　公共图书馆与中华优秀传统文化传承创新 ……… 029

## 一、公共图书馆的职能 ……… 030
（一）公共图书馆历史由来 ……… 030
（二）公共图书馆的职能与使命 ……… 032

## 二、公共图书馆与中华优秀传统文化传承 ……… 040
（一）传承中华优秀传统文化的优势与定位 ……… 040
（二）传承中华优秀传统文化的路径探析 ……… 042

## 三、公共图书馆经典阅读推广 ……… 045
（一）公共图书馆阅读推广 ……… 045
（二）公共图书馆经典阅读推广 ……… 054
（三）公共图书馆经典阅读推广实施策略 ……… 059

# 第三章　建设传统文化文献资源　赓续中华文脉 ……… 066

## 一、公共图书馆文献资源建设 ……… 067
（一）文献 ……… 067
（二）文献资源建设 ……… 070

## 二、公共图书馆中华优秀传统文化文献资源建设 ……… 074
（一）中华优秀传统文化文献资源建设现状 ……… 075
（二）中华优秀传统文化文献资源建设原则 ……… 077
（三）中华优秀传统文化文献资源建设路径探析 ……… 079

三、公共图书馆中华优秀传统文化文献资源建设实践
　　　　案例 ·········································································· 088

## 第四章　营造传统文化空间　凸显环境育人功能 ·········· 123
　一、图书馆空间服务 ···························································· 124
　　（一）图书馆空间的演变 ··················································· 124
　　（二）图书馆空间服务形态 ··············································· 126
　　（三）图书馆空间再造原则及发展策略 ····························· 129
　二、公共图书馆传统文化空间构建 ······································ 134
　　（一）传统文化空间 ························································· 134
　　（二）传统文化空间的功能 ··············································· 135
　　（三）构建传统文化空间路径探析 ···································· 137
　三、公共图书馆构建传统文化空间实践案例 ······················· 141

## 第五章　创新读者活动　搭建传统文化传承之桥 ············ 167
　一、公共图书馆读者活动 ···················································· 168
　　（一）读者活动开展现状 ··················································· 168
　　（二）读者活动特色 ························································· 170
　　（三）读者活动发展策略 ··················································· 174
　二、公共图书馆中华优秀传统文化读者活动 ······················· 176
　　（一）公益性讲座 ···························································· 176
　　（二）古籍展览展示 ························································· 178

（三）技艺体验活动 ……………………………………… 180

　（四）古籍资源数字化 …………………………………… 181

　（五）古籍资源文创类 …………………………………… 182

三、公共图书馆传统文化读者活动实践案例 …………… 183

# 第六章　深化科技赋能　让传统文化焕发时代魅力 ……… 200

一、文化与科技融合 …………………………………………… 201

　（一）图书馆新技术应用概况 …………………………… 201

　（二）文化科技助推传统文化传承多元化发展 ………… 206

二、文化科技背景下公共图书馆传统文化传承展望 ………… 214

　（一）科技对公共图书馆传统文化传承的影响 ………… 214

　（二）公共图书馆传承传统文化的创新发展 …………… 217

三、文化科技背景下公共图书馆传统文化传承实践案例 … 219

# 参考文献 ……………………………………………………… 243

# 后　记 ………………………………………………………… 260

# 第一章 中华优秀传统文化及其创新性传承

党的二十大报告对中华优秀传统文化的重要意义与发展方向做出部署，从"推进文化自信自强，铸就社会主义文化新辉煌"的角度指出，"中华优秀传统文化源远流长、博大精深，是中华文明的智慧结晶，其中蕴含的天下为公、民为邦本、为政以德、革故鼎新、任人唯贤、天人合一、自强不息、厚德载物、讲信修睦、亲仁善邻等，是中国人民在长期生产生活中积累的宇宙观、天下观、社会观、道德观的重要体现，同科学社会主义价值观主张具有高度契合性"。"坚持和发展马克思主义，必须同中华优秀传统文化相结合。""坚持创造性转化、创新性发展，以社会主义核心价值观为引领，发展社会主义先进文化，弘扬革命文化，传承中华优秀传统文化，满足人民日益增长的精神文化需求，不断提升国家文化软实力和中华文化影响力。"可见，中华优秀传统文化在社会主义文化建设中地位斐然。

# 一、中华优秀传统文化界定

传统文化是一个国家、民族在长期的社会实践中所积淀的物质文明和精神文明的文化遗产,也是民族特有的思维方式的精神体现。翻阅上下五千年的历史画卷,积厚流光的中华优秀传统文化犹如一条谱写历史逶迤起伏的脉络,以制度、物质、知识、艺术等多种形式层见叠出,积淀了独特的伦理道德、价值观念、思想理念等,凝聚了民族熠熠生辉的精神力量,形成了独具民族特色的精神血脉。中华优秀传统文化已经融入每一个中国人的内心,成为中华民族的固有基因,潜移默化地影响着我们的思想和行为。

## (一)文化

"文化"一词古已有之。但究竟什么是文化,千百年来始终无法确切界定、明晰统一。据统计,当今世界关于文化的定义多达260余种。给"文化"下一个大家普遍能够接受、没有争议的确切定义为何这么难?究其原因,大概一方面是由于多维视野下文化理论的争鸣与发展,另一方面是因为语源学角度下各种语言歧义的客观存在。依据不同的文化理论,自然会得到不同的"文化"定义,而在不同民族的语言中,"文化"一词的内涵也是不尽相同的。

汉语中的"文化"一词,既是中国语言系统中固有的传统词汇,又是近代以来外来语言的翻译语汇。在中国固有的语言系统中,"文化"是"文"与"化"这两个字的复合。"文"的本义指各色交错的纹理,进而引申为文物典籍、礼乐制度、文德教化等。"化"的本义为改易、变幻、生成,后被引申用于教行、迁善等社会意义。

"文""化"二字的复合最早出现在《周易·贲卦·彖传》中:"观乎天文,以察时变;观乎人文,以化成天下。"这里已有"以文教化"的意味。个人往往从这个角度来谈文化,如西汉刘向作《说苑》曰:"凡武之兴,为不服也,文化不改,然后加诛。"晋人束皙在《补亡诗·由仪》中说:"文化内辑,武功外悠。"显然,这里的"文化",或与天造地设的"自然""质朴"对举,或与无教化的"武功""武力"对举。

"文化"是一个非常广泛的概念,有广义和狭义之分。广义的文化又称"大文化",着眼于人类与一般动物、人类社会与自然界的本质区别,指人类在社会活动中所创造的一切,包括物质和精神的创造及其成果的总和。其结构一般可以分为物质、制度、精神三个层面。物质层面的文化是指人类的物质生产活动及其产品的总和,构成整个文化创造的基础,直接反映了人和自然的关系,如城池、宫殿、祠庙、桥梁、器皿、工具、服饰、饮食等。制度层面的文化是指人类创造出的服务并约束自己的社会环境、社会规范及社会组织,是人类创造出来的一系列处理人与人之间相互关系的准则的规范化,如经济制度、家族制度、政治法律制度、婚姻制度等。精神层面的文化是指人类在长期的社会实践和意识活动中形成的文化心态,包括人们在社会实践中形成的价值观念、审美情趣、思维方式、民风习俗等,如文字、语言、宗教、哲学、音乐、绘画、书法、风俗等。

狭义的文化指人类所创造的一切意识形态成果,是人类精神文明的一个组成部分。狭义的文化专注于精神创造活动及其成果,所以又称"小文化"。

狭义的文化与广义的文化有着不可分割的联系,两者是对立统一的。在研究精神文化现象时，不能忽略物质文化的基础作用和决定作用。在研究有关心态文化的问题时，不能忽略物质文化、制度文化、行为文化对心态文化的影响和制约。例如，研究饮食文化，不能仅仅从心态的角度分析食物如何美观、有观赏价值，因为饮食文化是建立在满足食欲的基础之上的。总之，不能把"小文化"与"大文化"割裂开来，不能把精神文明与物质文明割裂开来。

### （二）中华传统文化

中华传统文化，就是指有中国特色的传统文化。"中华"突出了文化具有的民族属性，体现了中华民族的创造性。"传统文化"则体现文化的历史继承性。对于中华传统文化的定义，学术界有多种理解：①中国传统化主要是指在中国几千年文明发展过程中，在特定的自然环境、经济形式、政治结构、意识形态作用下形成的，并且至今仍在影响着当代文化的"活"的中国古代文化；②中国传统文化是从过去发展起来的文化，是现代文化的根基；③中国传统文化是存在于民族土壤中的稳定的东西，但又是动态的，是过去与现在的交融，融入了各个不同时代的新思想、新血液。综合各家观点，通常意义上的中华传统文化主要指中华民族在历史发展过程中传承下来的能够影响整个社会的，具有相对稳定性的精神成果的总和，是涵盖了精神文化、制度文化、行为文化、物质文化等处于不同范畴却又相互作用的、民族特色鲜明且具备稳定文化形态的历史与实践的结晶。

### （三）中华优秀传统文化

关于中华优秀传统文化的概念，学术界有多种定义，常见的有三种。①从时间和内容角度的探究：中华优秀传统文化就是中华民族在1840年以前创造的，并能够经过现代意义上的创造性转换而服务于中国现代化建设的文化，包含物质形态层面；②从价值角度的考量：所谓中华优秀传统文化，就是中华民族在长期发展过程中形成的有着积极的历史作用，且至今具有重要价值的思想文化；③从传承角度的探究：中华优秀传统文化是指那些经过了实践检验、时间检验和社会择优继承检验而保留下来并能传之久远的文化。

学术界关于中华优秀传统文化定义的表述都具有自己的依据和优点。时间当然是传统文化必不可少的判断标准，但是优秀传统文化的概念核心应该集中于"优秀"二字之上。理解好"优秀"二字的涵义尤为重要。

在内容博大的中国传统文化中，"优秀传统文化"应该符合以下三个标准。

第一，达到一定高度，这是文化标准。"优秀"代表一定高度，"优秀"文化不是"一般"文化，它表明这种文化达到了一定高度。原始人制造的简陋工具、绘制的简单图形、表演的简单舞蹈，由于水平很低，所以很难称它们为"优秀"文化。相反，随着生产力发展，人类制造的金属工具、创制的语言文字、创作的音乐诗歌已经达到了较高程度，就可以称为"优秀"文化。

第二，产生进步作用，这是历史标准。并非所有的文化都能促进人类社会进步。例如，科举制度有利于国家更公平、更科学地选拔人才，但八股文束缚人的思想，耗费人的精力，前者产生了历史进步作用，后者则相反。因此，科举制度在一定历史时期可以说是一种"优秀"文化，八股文则不能算"优秀"文化。

第三，于今仍有价值，这是时代标准。"优秀"代表一定品质，因具有这种品质,"优秀"文化不仅在古代产生过进步作用,而且对于今天仍有一定价值。例如,科举制度虽然在一百多年前就已被废除,但它体现的选人用人智慧和公平公正精神,对于今天依然具有很大借鉴价值。

中华优秀传统文化的主要内容随实践的变化而发展,与马克思主义先进文化和中国革命文化同铸一炉,彰显出伟大的时代价值。习近平总书记指出:"深入挖掘和阐发中华优秀传统文化讲仁爱、重民本、守诚信、崇正义、尚和合、求大同的时代价值,使中华优秀传统文化成为涵养社会主义核心价值观的重要源泉。"这六点,揭示了中华优秀传统文化的核心内涵。

## 二、中华优秀传统文化的主要内容和思想精华

中华优秀传统文化气质独特、精华深邃、特色鲜明,这些特质构成了中华优秀传统文化的极具辨识度的标签,是我们正确学习和深刻理解中华优秀传统文化重要的入手点。

### (一)中华优秀传统文化的主要内容

很多学者都对传统文化的内容进行了分类,他们认为传统文化大致包含以下几个方面:中国语言文字、科学技术、教育制度、政治制度、宗法制度、文学、艺术、史学、宗教、哲学思想、民族风俗等。本书从精神、物质、制度层面对传统文化的内容进行简单的介绍。

#### 1. 精神层面的传统文化

传统文化本身作为精神层面的一种现象,以无形的力量塑造着

社会的文明，推动着社会的进步。精神层面的传统文化内容可以概括为哲学思想、古代宗教、文学、艺术等方面。

（1）哲学与宗教

春秋战国时期，出现了以儒家学说为主，儒、道、法、墨等学说百家争鸣、学术繁荣的局面，对后世学术及哲学思想产生了深远影响。汉武帝时期，董仲舒提出的"君权神授""天下一统""以德治国"等观念，都为后世统治者所重视。至唐代，哲学思想演变为以儒为主、各家共存的局面。宋代程朱理学兴起，成为宋以后中国近千年的主体哲学。数千年来，哲学思想经过不断的演变、融合，对中国人的思维方式和中华民族的心理特征影响深远，传统文化的形式至今仍作用于民众精神和社会发展。

宗教思想方面，在中国以佛教为主，道教居于次要地位。首先，佛教自汉代传入中国后，融合儒家学说，依附统治阶级，从而得到迅速传播与发展。佛教学说在精神上对中国社会的影响极大，佛教提倡的"普度众生""轮回转世"等说法深刻影响着中国人的思维观念与行为方式。其次，道教作为中国最大的本土宗教，对传统文化的影响不容小觑。道教以"我命在我不属天地""度己度人"为精神动力，相信人通过后天修炼，生命形态可以得到延续，精神意识也可以得到升华，最终得道飞仙。它提倡的炼丹、长生等受到皇帝和众多权贵的垂青，这成为统治者积极扶持道教的重要因素。道教在儒、释、道三教斗争与融合中，吸纳了众多的信徒，对民间信仰有着广泛的影响。

（2）文学艺术

中国古代文学蕴含丰富的哲学精神与语言艺术，它的思想内涵值得中华民族世代继承与发扬。原始社会的上古神话、周代的《诗经》、战国的《楚辞》、先秦散文、汉代的大小赋、唐代的诗、宋代的词、元代的曲、明清的小说都曾在中国历史的不同时期熠熠发光。这些诗词歌赋既是当时社会现实的写照,又是历史文化的灿烂记忆。屈原的《离骚》,儒家的《论语》《孟子》,法家的《韩非子》,司马相如的《上林赋》,班固的《两都赋》,王勃的《滕王阁序》,张若虚的《春江花月夜》,李白的《蜀道难》,白居易的《琵琶行》,苏轼的《赤壁赋》,曹雪芹的《红楼梦》,等等,都是中国文学史上值得称道的宝贵财富。

中国古代艺术包含的范围很广,包括音乐艺术、雕塑艺术、绘画艺术、书法艺术、戏曲艺术等方面。音乐艺术包含石磬、编钟、瑟、七弦琴、六孔箫、竹笛等乐器以及《十部乐》《南绍奉圣乐》《霓裳羽衣曲》《秦王破阵乐》等作品。雕塑艺术包含青铜雕塑艺术、陶塑艺术(以兵马俑为代表)、石刻艺术、佛教造像、浮透雕金银器、木刻浮雕等。绘画艺术包含壁画、人物画、山水画、花鸟画等,中国的绘画艺术注重人与自然的结合,融入了古代哲学思想。书法艺术包括小篆、隶书、草书、楷书、行书等,以及《峰山刻石》《石门颂》《兰亭序》等作品。戏曲艺术则包括京剧、昆曲、越剧、豫剧、黄梅戏、川剧等,集地方特色与文化艺术于一体,是古代社会人民休闲娱乐的主要形式。

除上述列举的哲学宗教和文学艺术外,精神层面的传统文化还表现在以爱国、敬业为代表的中华民族传统美德;以孔子、汉字为代表的文化象征;以爱国主义、自强不息为代表的民族精神;以《史记》《资治通鉴》为代表的传统史学等,这些都是镶嵌在中国传统文化体系上的璀璨明珠，无论是对传统文化的弘扬或是精神文明的传承，还是对公民文化素养的提升或是审美情趣的培养，都有极大的带动作用。

**2. 物质层面的传统文化**

传统文化的物质表现形式通过传统建筑、科学技术、生产资料、民族服饰等方面具体展现。物质的存在是传统文化实体的见证和具体的传承。本书以科学技术、传统建筑为代表，对其内容进行简要介绍。

（1）科学技术

我国古代的科学技术一直处于世界领先地位，科技主要体现在与农业社会息息相关的领域。"重实践、轻理论"是我国古代科技的一大局限。天文历法方面的主要成就有《甘石星经》、二十八宿理论、二十四节气、大明历、大衍历、十二气历、授时历等。准确的天体测量离不开先进的天文测量仪器，浑仪、浑象、简仪、漏壶、圭表等传统天文仪器的设计思想和制造水平都曾领先世界。古代数学有《九章算术》《辑古算经》《周髀算经》和计算圆周率、高次方程数值解法、剩余定理、高次内插法、高阶等差级数求和等。古代医学科技有《黄帝内经》《伤寒杂病论》《神农本草经》《难经》《诸病源候论》《本草纲目》《千金要方》等著作，以及针灸术等技法。古代农学有《齐民要术》《农书》《农政全书》等著作。水利工程有都江堰、郑国渠等。耕作方法有代田法、区种法等。除了上述大部分纸质记载的科学技术之外，我国古代还流传下来非常多的应用技术，比如陶瓷技术、丝织技术、造纸术、印刷术、指南针、火药、兵器制造技术、制茶技术、桥梁建筑技术和造船技术等，这些科学技术对古代社会的物质生产和文化传播起到重要作用。

（2）传统建筑

中国传统建筑类型复杂多样，可以归纳为四种基本风格。一是庄重严肃的纪念型风格，大多体现在礼制祭祀建筑、陵墓建筑和有特殊含义的宗教建筑中，例如古代的明堂辟雍、金刚宝座、大佛阁等；二是雍容华丽的宫室型风格，多体现在宫殿、府邸、衙署和一般佛道寺观中，例如故宫中的太和殿、乾清宫等；三是亲切宜人的住宅型风格，主要体现在一般住宅中，也包括会馆、商店等建筑；四是自由委婉的园林风格，主要体现在私家园林中，也包括一些皇家园林和山林寺观，例如圆明园、苏州园林等。

除了上述列举的传统文化内容之外，以甲骨文、隶书为代表的中国汉字，以青铜器、瓷器为代表的技术精华，以牛耕、丝织为代表的生产资料，以服饰、美食为代表的生活器物等都是传统文化的物质表达。

### 3. 制度层面的传统文化

传统文化的制度体现在政治制度、教育制度、司法制度、经济制度等方面，而这些制度建设基本上都或多或少地体现了人文性这一传统文化的基本特征。

我国古代的政治制度是中央集权的封建专制制度（不包含秦朝建立之前的奴隶社会）。在中央与地方的关系问题上，地方服从中央，中央集权；在君民关系上，君主至高无上，君权神授，臣民服从统治者，但君主要"以德治民""行仁政""爱民如子"。中央官僚体制由最初的三公九卿制到后来的三省六部制，在不同程度上受到法家和道家文化的影响，这也是古代社会政治制度体现传统文化的一大原因。古代社会教育制度尤其是科举制度集中体现了传统文化。自隋炀帝创立进士科科举取士以后，科举制度影响中国上千年，打破了选官只问门第出身，不管才华能力的限制。考试成为检验人才标准的途径，虽然经历上千年，考试内容早已变化，但考试这一途径仍然是现在选拔人才的通用方式。

中国古代司法制度自秦代开始逐步完善。《秦律》的颁布以及后世的《九章律》《开皇律》《永徽律令》《大明律》等法律的颁布，反映了各朝各代都通过颁布法律作为统一社会秩序的标准，保障了国家的稳定和统治阶级的利益。在法之外，礼也起着维持社会秩序的作用，礼法成为中国古代社会维持治安、规范秩序的重要途径。以法治民、惩处恶人体现了国家保障大部分人的正当权益，对人的行为进行规范和约束，使社会朝着文明进步的方向发展。古代毕竟不是法制社会，但以法律维护社会秩序，保障人民利益在一定程度上体现了进步性，是中国法治文化的源泉。

中国古代的经济制度是以小农经济为主的封建自然经济。夏商周时期，施行土地国有制——井田制；战国时期封建土地所有制确立，并且一直延续两千多年；曹魏时期曾施行屯田制；北魏到唐中期施行均田制。关于赋税制度，主要有春秋时期鲁国的初税亩制度；北魏、隋朝时期的租调制；初唐时期的租庸调法；中唐时期的两税法；宋中期的方田均税法；明朝的一条鞭法；清朝的摊丁入亩等。中国古代经济制度与政治制度紧密结合，根据不同社会时期的具体情况而不断演变，总的发展趋势是国家对农民人身自由的控制日益松弛，人口流动日益频繁，剩余劳动力脱离土地进入商品市场，导致中国封建社会后期商品经济的发展和社会的进步。

## (二)中华优秀传统文化的思想精华

中华优秀传统文化之所以长期受到人们的尊崇信仰,根源于其中蕴含的独特而透彻的核心理念,这些理念体现了中华民族的卓绝智慧与深邃思想,凝聚着中华民族对人类本源的不懈思考,虽然经历史烽烟却益发深种到中华民族的骨髓之中。

### 1. 重礼崇德

中国自周代以"礼"治天下,社会秩序与行为规范都以礼来约束。虽然后代社会都颁布法律来约束人们行为、维护国家安定,但伦理道德始终在维护社会秩序方面发挥重要的影响。在中国传统文化中,"礼"的含义十分广泛,包含了忠、孝、节、义的做人准则,是在伦理道德的基础上维持社会秩序的行为规范,成为人们为人处世的最高准则。"德"是一个人的品质素养,"以德服人"就体现了德对于人的重要性。中国传统文化中道德的最高标准是上善若水、胸怀博大、内心纯净。为官清廉是德,尊老爱幼是德,礼让三分是德,知恩图报是德,个人的德凝聚在一起形成的社会效应就是民族美德,它是一个民族和国家素质的体现。传统文化中的道德对现在社会仍起着重要的规范与教化作用,中华民族的传统美德更是传统文化中道德的精华。

### 2. 天人合一

"天人合一"讲的是人与自然的和谐相处,但更是一种理性的处世文化。"天"就是自然,是强大的、有规律的。人作为自然的一分子,只有与自然和谐相处,顺应天时,尊重规律,才能达到"天人合一"的和谐状态。之后"天人合一"演变为一种理性的精神文化,"天"被人格化为道德与正义的化身,具有强大的力量,倡导人们做事情要尊重规律，合乎天理，行为正义。《左传·昭公二十五年》中的"夫礼，天之经也，地之义也，民之行也。天地之经，而民实则之"，教导人们做事情必须合乎正义，顺应天时，取法于天。中国人做事讲究"天时地利人和"，便是力求人与自然的和谐。这种天人合一的朴素思想随着农业生产的发展而积淀为民族心理，成为传统文化的一部分。

### 3. 以人为本

自周代始，"重民轻神""敬天保民"的民本思想兴起。《论语》中"敬鬼神而远之""天道远，人道迩""未能事人，焉能事鬼"，都注重人事而远离鬼神，体现了古代哲学对人本主义的重视。"以人为本"在文化上体现为人文主义，在政治上则体现为重民思想。唐代的"水能载舟，亦能覆舟"，强调了人民的重要性，提醒君王要重视民生。董仲舒曾说："天地人，万物之本也。天生之，地养之，人成之。"它强调了人的作用，突出了人的价值。古代社会在人本思想上的另一个体现就是尊重人性，强调人伦，将人作为世间万物的核心，追求人生价值，注重伦理道德。中国古代对个人强调"修身，齐家，治国，平天下"，关注人的素养与能力，把内在的道德修养与外在的治事能力结合起来，即"内圣"与"外王"相统一，努力追求个人价值的实现。

### 4. 贵和持中

"和"是中国传统文化的一大特色。对于个人来说，要以和为贵；对于国家来说，要和平相处。"和"作为人们的处世原则，已经融入中华民族的血液，使中华民族成为一个爱好和平的民族。无论古今，中国都以"以和为贵"作为处理个人关系、民族关系、国家关系的行动准则。由"和"衍生出的"合",同样是中国传统文化的体现,合作、融合、"和合"观念等是"和"文化的另一层表达。"中"即儒家倡导的中庸之道,是古人为人处世的行为准则,在现代社会和人们的思想观念中同样留下了很深的印迹。"度"是中庸之道的精华所在,把握好尺度也就正确掌握了中庸之道,只有这样,才能在社会中处事得当、受人尊敬。贵和持中是"和"文化与中属文化的结合,是一种为人处世的行为准则,渗透在社会的方方面面,小到个人行事,大到国家治理,都体现了传统文化贵和持中的精神。若人与人之间、国与国之间都能秉持贵和持中的理念,那么社会和谐的发展目标将会实现。

## 三、中华优秀传统文化的创新性传承

传统积淀着民族的血脉基因,文化孕育着国家的源流底色。"求木之长者,必固其根本;欲流之远者,必浚其泉源。"创新性传承和弘扬中华优秀传统文化历史意义和现实意义兼而具之。

### (一)传承中华优秀传统文化的原则

毋庸置疑,新时代背景下中华优秀传统文化的传承并非是一帆风顺的,面临多重挑战:文化载体有待充分利用、文化精髓有待深入挖掘、文化创新亟待系统推进,这些都是极具现实的课题。

#### 1. 充分利用文化载体

中华优秀传统文化传承需依托载体来完成,实物、推广活动、新技术等都是载体的重要形式,不管是哪一种或哪几种,充分利用都可以在最大程度上促进中华优秀传统文化的高质量传承。例如随着网络技术的高速发展，网络载体的地位变得举足轻重。例如，《舌尖上的中国》以纪录片的形式让观众再一次感受到了中华优秀传统饮食文化的源远流长；《中国诗词大会》则让无数中华儿女品味到了古代诗词的优雅韵味；《百家讲坛》通过专家的诠释，将历史和人物演绎得栩栩如生、引人深思；这些都是网络载体成功运作的案例，因此应充分利用好网络载体，发挥其效能，提高传播效果，力求每一个以弘扬中华优秀传统文化为主题的内容和资源得到最大程度的关注与广泛传播。当前，因载体未被充分利用导致的传承效果不理想的现象非常普遍，需引起重视并努力改善。

**2. 充分挖掘文化精髓**

中华优秀传统文化是本民族文化自信的源泉。然而，它的精华尚未得到深入挖掘，它的价值也未得到全面的阐释与充分的分析。在全球化飞速发展的时代，相当一部分国人在西方文化及其价值观的影响之下，忽略了中华优秀传统文化的魅力，从而导致中华优秀传统文化精华尚未被大众广泛认可。传统文化精华范围广袤、影响深刻，以儒家思想、道家思想等为代表的传统文化思想至今仍发挥着无法替代的作用；以唐诗、宋词为代表的传统文化作品至今仍在中华民族儿女的内心反复诵读；以春节、中秋节等为代表的传统节日至今仍是强韧民族精神、增强民族自信的良好传承。充分挖掘传统文化精华，不仅是时代向前发展的重要使命，也是提高国际文化认同、增强文化自信的必要举措。需要注意的是，挖掘传统文化的精华，首先要明确何为精华、何为糟粕、何为过时、何为消极，唯有如此，才能让传承和弘扬更加有意义。

### 3. 系统推进文化创新

为推动中华优秀传统文化的传承，在深入挖掘传统文化精华的基础上，进行文化创新，才能让中华优秀传统文化永葆生机与活力。纵观当下文化发展现状，尽管我国在文化创新方面已有所成就，但是和其他国家相比仍有差距。首先，文化创新品牌意识不足。以近年的综艺、影视为例，诸如《奔跑吧兄弟》《我是歌手》等热门综艺都是购买的国外版权，谈不上任何创新；文化原创作品数量少之又少，创作市场也相对混乱，一些抄袭雷同的影视作品反而引发追捧。归根结底这些现象都是缺乏创新意识导致的，若不引起足够重视便会造成本民族的文化创新特色与文化品牌意识的缺失。其次，文化创新存在求量不求质的现象。再次以综艺、影视为例，如果单纯以点击量、收视率、票房等统计结果来衡量一部文化作品是否成功，无疑会一叶障目。过于重视经济利益最大化，粗制滥造、同质化产品将充斥市场，会严重打压创新者的创作热情与积极态度，对文化创新产生消极影响。

### 4. 着力扩大文化传播

除上述问题之外，文化传播仍需持续推进是中华优秀传统文化创新性发展所面临的另一个挑战。如若传播不力，中华优秀传统文化的魅力与影响力将会大打折扣。因此，需要采取一系列措施来拓宽文化传播的范围和模式，让更多人了解和欣赏到中华优秀传统文化的独特魅力。首先，应该扩大文化传播的范围，包括对内和对外传播。架设不同文化交流互鉴的桥梁，让中华优秀传统文化走出国门不仅可以展示本国传统文化的现状，更是丰富世界文化宝库的有效手段。因此，在传播过程中，我们应该特别关注对外传播，并积极开展国际文化交流活动。其次，不拘泥于官方或民间，尝试多元传播方式。除了官方引导外，民间力量的参与和补充也是至关重要的。可以通过社交媒体、移动端 APP 等现代科技手段，让更多年轻人与中华优秀传统文化近距离接触，尤其鼓励个人参与文化传播。例如，美食博主李子柒在网络的爆红就是最具说服力的案例，该博主利用视频传播的方式将中国的另一面展现给海内外广大网友。她所营造的古朴自然的诗意生活，为海外网友提供了更深入地了解中国的机会，让他们对中国的独特魅力深有所感。最后，我们需要注重文化传播的创新性和实效性。随着社会的发展和进步，文化传播也必须不断创新和更新。例如，可以结合新兴科技和媒体手段，打造更加生动、丰富的文化体验和互动，从而吸引更多的人参与文化传播。此外，还应该注重文化传播的实效性，使其能够真正地促进文化的传承和发展，增强中华文化的影响力和凝聚力。

## （二）创新性传承中华优秀传统文化的路径与方法

推进中华优秀传统文化创新性传承是一项庞大而繁杂的事业，传统文化的发展涉及诸多领域，影响也已深入人心。因此，需要从发展理念、引导机制、激活生命力以及传播推广等关键环节持续发力，多元互动。

### 1. 弘扬传统文化，树立正确传承意识

树立正确的文化传承意识是推动中华优秀传统文化创新性发展的必要前提，对传承实践具有极其重要的指导作用。

（1）民族精神与时代精神兼顾

在新时代背景下，要想让中华优秀传统文化实现创新性的传承，就必须注重将民族精神和时代精神有机地融合在一起。这样的做法

已经在近几年的热门电影中得到了充分的体现。例如，电影《战狼》系列成功地将爱国主义情怀贯穿了整部电影，数次打破多项票房纪录。在这部电影中，导演通过对主角个人荣誉、国家利益、集体荣誉等价值观的深入探讨，向观众呈现了一个富有民族精神和时代精神的英雄形象。另外，电影《我和我的祖国》创新性地以独立单元的模式，刻画了新中国成立70年以来一些代表性的历史事件和人物。通过对这些历史事件和人物的描摹反映出中华民族的文化传承和精神传承，同时也展现了中华民族的坚韧不拔和奋发向前的精神风貌。总之，在新时代背景下，中华优秀传统文化的创新性传承需要将民族精神和时代精神相结合，更好地推动中华文化的传承和发展，让中华民族在世界舞台上展示出更为强大的文化自信和影响力。

（2）内容与形式有机并重

中华优秀传统文化的传承需要将内容与形式两者完美融合，只有融合，才能最大程度地发挥中华优秀传统文化的影响力。央视播出的《我在故宫修文物》系列纪录片，作为目前为止唯一一部系统拍摄故宫稀世文物修复故事的大型纪录片，没有严肃的口吻，没有像说明书一样介绍与修复相关的专业知识，而是用全新的视角走进古老的故宫，让观众零距离感受到了文物的魅力，堪称传统文化内容与形式的完美融合。由此可见，中华优秀传统文化只要加以精雕细琢，将内容与形式进行完美交融，便能迸发出亮丽的火花。

（3）形成多重教育引导合力

推动传承、延续文化，归根到底离不开一代又一代青年的不断努力。因此，在促进中华优秀传统文化的发展过程中，实现多重教育引导的有机结合至关重要。

①主动学习，自我提升

为了加强对中华优秀传统文化的理解和信仰，青年可以从自我提升方面入手。他们应该关注自身，切实提高自己的文化修养，这样才能更好地理解文化自信的内涵。同时，青年也应该自觉地主动了解中华优秀传统文化，以便更好地学习和传承。为了实现这一目标，青年要充分利用各种机会和方式了解中华优秀传统文化，可以通过线上和线下渠道，参与弘扬中华优秀传统文化的活动，或者观看一些与中华优秀传统文化相关的视频，例如《中国诗词大会》《如果国宝会说话》等节目。这些节目形式生动、氛围活泼，颠覆了人们对传统文化的刻板印象，帮助人们更好地了解传统文化，拉近了传统文化与普罗大众的距离。此外，青年也可以通过阅读相关书籍，观赏我国古代书法、绘画等艺术方式，直接领悟传统文化所传递的价值观，感受到传统文化所蕴含的深刻内涵。这些方式是培养传统文化素养的不错选择，可以让广大青年更为系统、更为客观地了解中华优秀传统文化。

总之，加强教育引导青年了解和信仰中华优秀传统文化是非常重要的。青年们应该从自我提升方面入手，关注自身，切实提高自己的文化修养，积极主动地了解和学习传统文化，以便更好地传承和弘扬中华民族的传统文化。

②家庭教育，滋养成长

家庭是中华优秀传统文化传承的最持久的承载者。家庭教育的首要任务就是要将中华优秀传统文化的价值理念、道德规范、艺术表现等内容融入到日常生活中，引导孩子认识、了解、感受和传承中华优秀传统文化，让孩子在中华优秀传统文化的滋养下健康成长。

中华优秀传统文化的传承和弘扬应立足于经典作品阅读。传统经典作品是中华文化的知识宝库、智慧积累，不管是"修身、齐家、治国、平天下"的励志经典，还是"冠必正，纽必结，袜与履，俱紧切"的注重养成良好习惯的传统，以及"赠人玫瑰，手有余香"的推崇分享与友爱的价值观，这些都是无价之宝，对于个人成长、家庭和睦和社会和谐都有着深远的影响。在当前追求功利性与实用性的教育背景下，家庭教育的使命更加重要，通过经典著作的阅读和传授，对于孩子综合素养的提高将起到重要的推动作用。

传统节日是中华优秀传统文化的重要组成部分，不仅承载着丰富的民俗文化和习俗，更是一种重要的文化传承方式。通过参与传统节日的活动，孩子们可以感受到家庭成员之间的温暖和亲情，了解中华优秀传统文化的内涵和精神。例如，在春节期间，家人可以一起贴对联、放鞭炮、包饺子等，不仅可以感受到浓浓的节日氛围，还可以普及春节的由来和意义。这种传统的活动不仅可以丰富孩子们的节日生活，还可以培养孩子们的品德素养和家庭责任感，寓教于乐中完成了中华优秀传统文化的传承。

③学校教育，系统学习

中华优秀传统文化的创新性传承离不开学校教育的积极推动。只有家庭教育和学校教育紧密结合，才能实现教育效果的最优化。因此，学校需要在教学内容和师资力量两方面同时发力，才能更好地完成中华优秀传统文化的传承的使命。

优化教学内容，合理课程设置，是促进中华优秀传统文化创新性传承的重要途径。通过教授以古诗词为代表的传统文学，学生的文学修养可以得到提高；通过对绘画、书法等传统艺术的学习，学生的艺术素养可以得到提高；而历史的更迭变迁则帮助学生形成的家国情怀和大局观；古代文人志士的嘉言懿行始终激励学生奋发图强。因此，学校在教书育人的过程中，应围绕中华优秀传统文化进行重点教学，选择学生喜闻乐见的方式进行教学，必要时也可以适当借助新媒体手段打造最优的教学效果。

提高师资素质，开展文化活动，完善中华优秀传统文化创新性传承的人才队伍建设与氛围保障。学校教育要高度重视师资队伍的建设，针对一线教师开展常态化传统文化素养培训，并健全考核机制，定期检验教师的培训成果。另外，教师也要紧跟时代主题，加强对中华优秀传统文化的学习和融会贯通，围绕中华优秀传统文化开展主题课外活动，例如知识竞赛、文化讲座、传统文化节庆等，让广大学生在学习与实践中时时处处感受到中华优秀传统文化的存在感，对进一步增强文化自信、提高他们对中华优秀传统文化的喜爱程度，其重要作用是不言而喻的。

④社会教育，氛围带动

当前新发展背景下，社会教育与个人教育、家庭教育、学校教育共同构成推动中华优秀传统文化创新性传承的多重教育实施主体。为了更好地发挥氛围的带动效应，要从微观与宏观层面同时发力，最大限度发挥出社会教育的感染力和影响力。

在宏观层面，应注重舆论引导。每个人都无法脱离社会教育的熏陶和影响，因此在谈到社会教育时，需要格外重视舆论的引导效应。稳定舆论导向，通过推广宣传中华优秀传统文化，可以让广大群众获得关于中华优秀传统文化的正面信息；褒奖发扬中华优秀传统文化精神的时代楷模，可以形成良好的社会舆论氛围，这些都为发挥舆论导向效能提供了实践路径。

在微观层面上,要注重文化氛围营造。在社会教育过程中,公共图书馆、博物馆等文化机构的空间与服务能够给参观者提供书香萦绕、身临其境的独特文化体验,这对于营造良好的传统文化传习氛围有着非常重要的作用。社会群众应该善用这些文化机构的教育资源,学习中华优秀传统文化,提高文化自信。对于文化机构而言,需要不断完善履行教育职能的能力,将珍贵的馆藏文化资源以系统化的、群众乐于接受的模式呈现出来;对于群众而言,需要养成利用这些文化机构进行学习的习惯,主动接受中华优秀传统文化的熏陶。

### 2. 传承创新,激活传统文化生命力

扎根文化发展的时代要求,把握文化发展的内在规律,实现"不忘本来"与"吸收外来"的结合,就能更好"面向未来"。

#### (1) 合理继承,不忘本来

充分挖掘中华优秀传统文化的精华所在,合理继承,不忘本来,才能将中华优秀传统文化的优势最大限度发挥出来。

为了做到不忘本来,要从充分挖掘中华优秀传统文化的精华做起。在四大文明古国中,中华文明是唯一不曾中断且历久弥新的文明。五千年文明历史孕育而成的中华优秀传统文化包括了许多方面,如文学艺术、琴棋书画、四大发明以及器物建筑等,这些优秀的文化遗产是我们提升文化自信的灵感和智慧基础。我们应该辩证、理智地看待传统文化,对于那些传世至今仍具有重要价值的部分,需要合理继承,并充分挖掘其中仍有借鉴意义的思想和内容。而对于那些明显与时代发展潮流相悖的部分,则需要坚决予以剔除。只有这样,我们才能够在保留传统文化精华的同时,实现对文化的创新和发展。

单纯挖掘传统文化的精华不是目的，要充分让其优势为现代社会发展所用才是根本。为此，我们需要着重做好以下两个方向的工作。一是强化宣传，普及中华优秀传统文化知识，让群众了解它的价值；二是革故鼎新，促进中华优秀传统文化与时代发展相融合。宣传教育的重要性毋庸赘述，需要用心考虑的是宣传中华优秀传统文化的方式，要与时俱进迎合当下群众获取信息的取向，尤其是充分利用好新媒体载体，提升获得感和体验感。中华优秀传统文化的创新传承还需要紧跟时代发展步伐。许多传统文化在特定时期曾经发挥过重要作用，在当今社会发展过程中依然闪耀着光芒，但由于种种因素的影响，低调得如蒙尘的明珠逐渐被世人淡忘。因此，在"不忘本来"的过程中，需要特别注意要以全新的角度和方式呈现出来。以《上新了，故宫》为例，这是一档中华优秀传统文化与时代发展相结合的节目典范，表面看是帮助国人深化了对故宫的了解，实则是通过文化创意衍生品开创了中华优秀传统文化传承的新模式，其内容与形式非常值得借鉴。

（2）交流互鉴，吸收外来

吸收外来文化是指通过各国各民族间的文化交流与相互借鉴，有序地融合吸收全球优秀文化成果，以使中华优秀传统文化在全球化的文化浪潮中保持存在感，进而提升其影响力和感召力。

交流互鉴，取长补短。在漫长的历史发展中，不仅中华民族形成了自己独特的文化，世界各国也都孕育了本民族的文化瑰宝。随着各民族文化之间的交流互鉴日益深入，中华优秀传统文化应当抓住这个契机，与其他民族的文化精华互通互融、共同发展，从而促成中华优秀传统文化与外来文化的双赢局面。在这个过程中，"取长补短，洋为中用"是核心手段与目标，只要有长处，只要可用，无论哪种外来文化都可以借鉴。此外，除了澄清上述问题，还需要明确中华优秀传统文化与外来文化相互借鉴融合的具体操作方式，方式得当则中华优秀传统文化的优势与价值将加倍放大，披沙沥金，焕发出更耀眼的光芒。

"本土为本，发挥所长。""本土为本"意味着我们要站在本国的立场上，推动本民族文化的发展。美国的文化发展就得益于在这方面的突出操作，例如票房大卖的《花木兰》和《功夫熊猫》，作品来源于原汁原味的中国文化元素：功夫、熊猫、花木兰等，而在电影播出后，这些元素却被误认为是美国文化的组成部分。无论是本国原创的电影、动漫，还是吸收、借鉴其他国家和民族文化而创作的作品，最终都成为美国文化产业的红利。这个事实让我们不得不审视本国文化发展的现状，美国文化产业发展的"拿来主义"的经验为中华优秀传统文化的发展打开思路，无论是面对本国的传统文化，还是吸收外来文化，都应该遵循"本土为本"精神，结合本国的文化发展特点，将它们与本国文化相融合，使其成为本民族文化发展的重要推动力。此外，吸收外来文化的目的是发挥所长，所以不能颠倒主次。许多外来文化，美国的电影、音乐风靡全球，日本的动漫产业是其文化输出的重要标签，韩国则以韩剧作为带动整条文化产业链，这些国家文化名片的成功输出都有一个相同点，那就是巧妙地将本国文化特色杂糅其中，产生了一加一大于二的效应。上述成功经验对于中华优秀传统文化的创新性发展尤为重要，形成本民族的文化特色是中华优秀传统文化的传播与发展的唯一答案。

（3）创新传承，面向未来

在新时代的背景下，面向未来的发展需要将传统文化的传承和创新与中华民族伟大复兴紧密结合起来，为推动社会主义文化强国进程克尽厥职。

面向未来的发展需要在继承中创新，以保证其生命力和先进性。未来中华优秀传统文化的发展需要将传统文化建设与实现建设社会主义文化强国相结合，将中华优秀传统文化的影响力和感染力发挥到极致。文化传承不应止步于继承传统文化精华，也不应在外来文化面前盲目地自惭形秽，打破固有思维，创新性传承才是中华优秀传统文化面向未来发展的关键。作为一个勇于担当的大国，更应该将中华优秀传统文化与人类命运共同体的发展有机结合，推动中华优秀传统文化建设面向未来，面向世界。

**3. 有的放矢，提升文化创作全链条质量**

为了推进中华优秀传统文化的创新发展，狠抓文化创作的关键环节显得尤为重要。成功的文化创作能产生超越时空的神奇力量，为广大民众带来难忘的体验。因此，在推动中华优秀传统文化的创新传承方面，我们应该在文化创作方面下大气力。

（1）加强文化传播力度，创新文化传播载体

尽管中华优秀传统文化博大精深，但如果宣传和传播不力，那么它的影响力和辐射力将会大打折扣。因此，探讨中华优秀传统文化的传播是极为必要的。

创新文化传播的方式。多样化的文化载体创新，可以全方位展示出中华优秀传统文化的独特魅力。物质载体具有直观的优势，可以使人们直接体验到传统文化的与众不同之处；网络载体具有传播

优势，可以大大拓宽文化传播的广度；活动载体则借助开展与文化相关的活动，让参与者沉浸式感受传统文化的美妙之处。因此，勇于创新并合理利用各种文化载体，为推动中华优秀传统文化传播提供了思路。

要推动中华优秀传统文化在新时代的创新性传承，还需要从丰富传播内容、扩大传播范围着手。传播内容最好跳出书法、绘画、文学等的惯性思维，将那些同样意义非凡的传统文化加以推广。通过挖掘和赋予新含义，可以充分发挥中华优秀传统文化的作用，为今所用、鉴往知来，这是推动中华优秀传统文化创新性传承的关键。除了注重国内宣传，也要注重国际传播，以提升其国际影响力。

（2）创作满足人民需求的文化精品

以人为本进行文化精品创作是促进中华优秀传统文化创新性发展的重要指导思想。随着数字技术的迅猛发展，人们对文化作品的需求朝着多样化和多元化迈进，这对文化作品的品质提出更高要求。如果传统文化作品的重塑与创新脱离了人民需求，那么这些作品将很快就会被淡忘。只有坚持以人民为中心的创作导向，将中华优秀传统文化的精华与群众的需求互相融合，才会让大量的传统文化作品重新焕发生机和活力，以全新的面貌呈现在大众面前。

以人民为中心的创作理念意味着将中华优秀传统文化融入人民的生活中去。《舌尖上的中国》是将中华优秀传统文化与人民生活巧妙结合的典范。这个纪录片展示了各地的代表性美食，有南方也有北方，从家常小菜到中国传统四大菜系，从生动的旁白到贯穿始终的广大劳动人民的身影，从各地美食的烹制方法到五味调和而成的美味佳肴，样样精彩，都是中华古代劳动人民智慧的结晶。该纪录片常年高居收视榜单首位,在国内外广受欢迎,拥有大量粉丝,充分证明了中华优秀传统文化与以人民为中心的创作理念相结合所具有的神奇力量。

(3)推动文化产业供给侧改革

作为提高文化软实力的建设主体之一,文化产业不可避免地肩负起推动传统文化传承的重任。为此,我们需要积极推动文化产业的供给侧改革,构建现代化的文化产业体系,以有效应对经济全球化和文化全球化的挑战,这是一个义不容辞的任务。

推动中华优秀传统文化的创新性发展,需要在文化产品生产与文化企业活力方面采取措施。文化生产者在生产与传统文化相关的文化产品时,不仅要考虑盈利、成本等经济因素,也要了解其中所蕴含的价值理念与深远影响,兼顾经济效益与社会效益的统一。同时,也需要激发文化企业的活力,提高文化企业的产品质量,推动现代文化产业体系建设的顺利进行。为此,各大文化企业需采取措施,明确企业定位,制定详细周全的经营战略,创作出符合市场规律的优质文化产品,从供给侧视角满足个人精神文化需求,为广大民众提供更优质的文化产品;需要将引领需求与尊重需求相结合,加大文化产品的创新力度。另外,还要加强文化产业与其他产业进行深度融合,立足中高端供给,以文化产业的供给侧结构性改革推动中华优秀传统文化的创新性传承,唯有如此,才能使现代文化产业体系得到更快发展。

(4)以用为本,打造高素质人才队伍

人才的发掘与培养对于推动中华优秀传统文化创新性发展同样不可忽视,习近平总书记多次强调人才培养的重要性,他在中国文联十大、中国作协九大开幕式上的讲话中明确指出:"我国文艺事业要实现繁荣发展,就必须培养人才、发现人才、珍惜人才、凝聚人才。"可见,为了打造高素质的人才队伍,不仅要多措并举引导青年积极投身祖国文化建设,关键还是要留住现有人才。

吸引新人参与文化建设是人才培养的关键环节。为此,需要相关部门和高校共同完善人才培养机制,制定与文化建设相关的政策规划,将各行各业的人才吸引到文化相关行业中去。同时,公共图书馆可针对实际情况加大对文化相关专业的资金投入,从文化素养、专业素质等方面多角度培养文化从业人才,使其对中华优秀传统文化建设产生浓厚的兴趣,自觉地投身于文化相关行业。文化企业应加强对从业新人的培训力度,让他们能够快速掌握本行业相关能力,尽快投身于文化建设,为中华优秀传统文化的创新性发展起到推动作用。

中华民族在五千年的历史长河中创造出辉煌灿烂的中华优秀传统文化,其中蕴含的博大精深的思想价值历久弥新,对现代社会的发展发挥着直接或间接的积极作用。新发展理念下,全面深化中华优秀传统文化的创新性传承是符合时代发展潮流的创举,更是探寻文化根脉、坚定文化自信的关键举措。综上所述,在新时代所带来的无限机遇与挑战的带动之下,中华优秀传统文化的创新性传承确确实实已经在诠释、教育、传播等方面取得了长足的进步,但同时也应清醒认识到中华优秀传统文化的传是一项任重道远的系统工程,创新性是高质量传承的核心要素,对这一课题的讨论需与时偕行。

# 第二章
# 公共图书馆与中华优秀传统文化传承创新

2017年，中共中央办公厅、国务院办公厅印发了《关于实施中华优秀传统文化传承发展工程的意见》，将"加大宣传教育力度"作为重要任务之一，强调要"充分发挥图书馆、文化馆、博物馆、群艺馆、美术馆等公共文化机构在传承发展中华优秀传统文化中的作用"。可见，公共图书馆作为公共文化服务体系的重要一环，同时作为地方文献信息资源中心和城市文化建设的重要阵地，因其独特的文化功能和天然优势，在传承中华优秀传统文化的伟大工程中肩负着重要职责。公共图书馆应当发挥自身资源优势，通过服务创新和路径优化推动中华优秀传统文化传承与发展。具体来说，图书馆传承中华优秀传统文化，应以"书"为本，从藏书、典籍中挖掘文化内涵；应以阅读推广为载体，不断丰富传统文化传承模式；要继承也要创新，将传统文化与数字技术巧妙融合，提升群众体验感，最终实现提升民众文化素养，建设社会主义文化强国的目标。

## 一、公共图书馆的职能

公共图书馆是与人民大众关系最为密切的一种图书馆类型，是由政府投资兴办或由社会力量支持兴办的、向社会公众开放的图书馆类型，是知识资源收集、存储、加工、研究、传播和服务的公共文化空间和社会教育设施。

### （一）公共图书馆历史由来

公共图书馆是社会文明进步到一定阶段的产物，是公民权利、社会民主和社会平等现代人文意识成熟的结果。图书馆学界普遍认为，公共图书馆产生于19世纪中叶的英国和美国。1850年英国图书馆法通过，这是世界上第一部公共图书馆法。根据这部法律，1852年英国曼彻斯特公共图书馆成立，成为世界公共图书馆的开端。美国从19世纪开始，各地逐步以法案的形式确立了公共图书馆制度。1852年美国第一个公共图书馆波士顿公共图书馆成立。之后，美国钢铁大王安德鲁·卡内基在美国各地捐款建设图书馆，在极大程度上推动了美国公共图书馆的发展。

我国现代意义的公共图书馆出现于20世纪初的晚清时期。1902年，徐树兰在浙江绍兴创办了古越藏书楼，这是我国图书馆史上第一家具有近代公共图书馆特征的藏书楼，被很多研究视为我国公共图书馆事业的开端。1904年，我国第一个省级公共图书馆湖北图书馆在武汉成立，不久湖南图书馆、黑龙江图书馆等相继成立。1910年，清学部颁布了《京师及各省图书馆通行章程》，确立了由公共经费支持、为公众提供服务的公共图书馆制度。

辛亥革命后，当时的政府专门成立了教育部社会教育司负责促进和监管公共图书馆建设。1913年，北京建立了京师通俗图书馆，随后各省也纷纷建立了本省的通俗图书馆。1925年，中华图书馆协会成立。到抗战前夕，我国各类图书馆达到了5196所，公共图书馆在我国已经成为一种稳固的社会机构。但到1949年，由于多年战争的影响，全国图书馆仅存391所，公共图书馆的水平一直没有得到恢复。

新中国成立后，公共图书馆的发展经历了漫长而曲折的过程，概括起来大体可分为四个阶段：起步（1949—1955）、发展（1955—1966）、停滞（1966—1977）、飞跃（1978年至今）。改革开放后，图书馆在社会经济发展中的重要性日益凸显，国家先后出台了一系列支持公共图书馆发展的法律和政策，例如1980年图书馆事业管理局成立；1981年国家"六五"计划提出了县有图书馆的目标，县级公共图书馆建设形成高潮；2006年，"十一五"规划明确提出在我国建设覆盖全社会的比较完备的公共文化服务体系，提出构建现代公共文化服务体系；2018年《公共图书馆法》实施，明确县级以上人民政府应当将公共图书馆事业纳入本级国民经济和社会发展规划，对公共图书馆的建设发展起到了重要推动作用。统计数据显示，从2012至2021年，10年间全国公共图书馆总量逐年增多，布局越发合理，持证读者数增长超过315%；截至2021年年底，全国共有公共图书馆3215个，且均实现免费开放。当前，我国公共图书馆事业在国家的大力布局与推动下，在数字信息技术的强势融合下，已经进入历史上发展最快、最具活力的高质量发展时期。

### (二)公共图书馆的职能与使命

公共图书馆的职能是指公共图书馆所发挥的功能和作用。在图书馆的发展过程中,图书馆的职能随着历史演进、社会变迁及图书馆自身发展的变化而改变。公共图书馆的职能主要可归纳为两大类,即基本职能和社会职能。

1. **基本职能**

公共图书馆的基本职能是指在不同时期、不同国家的公共图书馆都具有的职能,这些职能贯穿于图书馆整个发展过程中,不随图书馆的技术方法、服务手段等的变化而变化,也不随社会的发展而变化。公共图书馆的基本职能包括收集、整理文献信息和提供读者使用三项,也可以把这一过程统称为传递文献信息。对知识信息的处理具体可以分为三个层面:一是选择、积聚、收集;二是存储、整理、加工、控制、转化;三是传递和提供使用。

公共图书馆的三项基本职能是由它的本质属性决定的,任何图书馆必须具有这三项基本职能,只有通过三项基本职能,才能保证图书馆动态的平衡,才能与外界进行正常的物质、能量、信息的交流,同时维持图书馆的生存和发展。

2. **社会职能**

公共图书馆的社会职能是以基本职能为基础的,是图书馆的基本职能在一定社会的表现形式。公共图书馆的社会职能是受一定社会影响的,是社会所赋予、要求的,并随着社会的发展而不断变化、扩大。古代图书馆时期,图书馆的社会职能主要是保护人类文化遗产。近代图书馆时期,工业革命的到来对全民文化水平和社会教育的普及表现出迫切需求,在社会与民众的选择之下图书馆担负起了社会教育的职能。到了现代，随着科学技术的迅速发展，人们对知识、信息的需求越来越迫切，图书馆又被赋予开发智力资源、传递科学信息的职能。总之，图书馆有的社会职能在消失，有的社会职能在扩大，而更多的新的职能在不断出现。公共图书馆的社会职能体现在以下几个方面：

（1）保存人类文化遗产

图书馆是储存人类文明的殿堂，它从诞生之日起，就承担着保存人类文化遗产的职能，在整个社会系统中有着任何其他文化机构所不能代替的重要作用。文献是穿越时空的人类文明的结晶，正是基于图书馆强大的储存和传递文献资源的职能，古往今来的人们创造的历史文化、科学知识等精神财富才得以被积累和留存，获得世代相传的传承。图书馆广泛、全面地收集社会发展历史和知识经验的图书文献，并对它们进行加工、整理，使其长久地、系统地流传下去。

随着历史的变迁，图书馆保存对象的形式也在不断改变，保存手段更加有效，保存目的更加多元。自最初的兽骨龟甲、泥版纸草开始，到近代的印刷型图书，再到现代的磁盘、光盘、磁带、胶片、缩微胶片等，人类社会前进的每一步都会留下大量文化遗产，而这些文化遗产恰好是图书馆作为保存的对象。从最初的书楼藏书，到利用数字信息技术对馆藏文献资源进行数字化建设，其目的都离不开保存、开发、利用、保护等初衷。古代图书馆保存文化遗产的主要方式是收藏，现代图书馆更强调在保存职能基础上对文献的开发利用，以便更方便、快捷地利用人类的文化财富。我们欣喜地看到，社会的发展并没有使得图书馆的这项职能消失，相反科技的进步促进了这一职能的作用发挥得更加淋漓尽致。在先进科学技术手段的加持下，本着更好用、更广泛用、更长远用的思想，对这些文化资源加以分类、开发、保存和利用，其效果功在当代、利在千秋。图书馆的这一职能使得它在人类社会的人文与科技发展史上均创造了不可磨灭的伟大功绩。

（2）开展社会教育

我国教育家蔡元培先生曾说过："教育不在学校，学校之外还有许多机关，第一是图书馆。"公共图书馆作为一个重要的文化阵地，教育职能显得尤为突出。古代的皇家图书馆和有名的图书馆，不仅是藏书万卷的场所，也是培养封建人才的地方。在近代的图书馆事业史上，有一批集图书馆人与教育家于一身之名人，如梁启超、康有为、胡适、鲁迅等，他们既是教育家，又都曾是图书馆人。这绝非一种历史的巧合，而是有其内在依据的。由此可见，现代图书馆被称为"没有围墙的学校"，并非徒有虚名。

公共图书馆的社会教育职能主要体现在四个层面。第一是传播文化科学知识，丰富活跃文化传承。图书馆收藏着丰富的图书文献，既有科普读物，又有专深的学术专著和专题论文，因此能够满足不同年龄、文化程度、职业、专业的读者需要。而且图书馆的教育以普惠、均等、泛在为发展目标，打破了时间、空间的限制，这一点是任何其他教育部门无法企及的。在科技发展日新月异的今天，互联网打破了公共图书馆为公众提供社会教育的边界效应，更多人通过网络接受远程教育；同时在丰富的数字资源以及短视频等数字化手段的赋能下，公众的学习兴趣和学习体验都得到显著提高。因此可以说，图书馆的社会教育是应机器化大生产需求而创立的，即使在现代社会，图书馆长期稳定、受众面广的社会教育特质都是任何学校无法替代的。第二是读者终身学习的场所。公共图书馆是一所不受年龄限制、可以与学校教育有效补充的，为全民提供终身教育的场所。古代图书馆就具有教育职能，只是由于服务范围小，不是很明确而已，而在近现代，图书馆的社会教育职能才得到充分发挥。伴随着机器化大生产时代的到来，机械化对工人的知识技能提出更高要求，图书馆理所应当地承担起为工人进行技能培训的社会教育职能；伴随着科学技术的发展，知识更新的频率越来越快，人们需要不断充电学习以保持与时俱进，作为社会大学——图书馆的教育职能得到了更加广泛的发挥。第三是培养公民信息素养。在长期服务实践过程中，图书馆积累了丰富的开展社会教育的实战经验，成为培养公民信息素养的最佳场所，在培养读者寻找信息、甄别信息、利用信息等方面，发挥了积极作用，帮助用户收获了受益终身的学习能力。第四是提升国民素质。图书馆是滋养民族心灵，培育文化自信的场所，因其社会教育职能具有长期性、稳定性和灵活性的特点，成为社会教育体系中不可或缺的组成部分。在知识经济时代，传统的学习方式已经无法满足现代信息社会的需求。离开学校的劳动者需持续不断地学习，才能与时代发展同步。数字图书馆的出现给渴望学习者提供了更新知识结构的渠道，数字化的文化服务为全社会营造了一个不受时间和空间的限制，全民共享、共同进步的泛在教育环境，对于国民素质的提升具有重大意义。

（3）提供均等化信息服务

《公共图书馆宣言》阐述："公共图书馆对其所在民众，应不分职业、信仰、阶层或种族，一视同仁，给予同等的免费服务。""每一个人都有平等享受公共图书馆服务的权利,而不受年龄、种族、性别、宗教信仰、国籍、语言或社会地位的限制。"这表明,公共图书馆应该为每一位社会成员提供普惠、均等地获取和利用知识信息的权利。随着社会变迁和科技发展,文献数量急剧增长,文献的收集、整理单靠个人分散孤立地进行,不仅花费很大的时间和精力,而且已远远满足不了实际需要。因而需要有专职人员、专门机构从事科学文献的收集、整理、检索和传递工作。作为图书文献主要收藏单位的公共图书馆,不仅具有丰富的物质基础——各种文献,专业的信息开发能力——凝结图书馆员智慧的二、三次文献成果,还有文献传递无障碍渠道——网络化数字化技术,极大地提高了读者获取信息的针对性和效率,从而使图书馆提供均等化信息服务的职能得到更好的发挥,成为名副其实的社会信息中心。

公共图书馆还要关注个人信息需求,为大众免费提供与日常生活、工作、学习等密切相关的信息,如当地生活基本信息、地方志等,通过信息服务,扩大公共图书馆的影响力。具体而言,第一,传递馆藏各种目录、题录等检索工具,向读者及时揭示、报道最新馆藏文献信息,以最快的速度将采集到的图书、期刊、光盘、数据库等文献信息通知读者;了解读者需求,对信息进行深入挖掘和整合,将信息服务提升为知识服务,拓展市民提供获取信息的机会。第二是信息素养教育。授之以鱼不如授之以渔,公共图书馆通过信息技能培训,切实帮助公众提高信息检索、信息评价和信息利用等技能,如数据库使用技能等,将消除数字鸿沟落实在行动上。

(4)开发智力资源

所谓智力通常称为智慧,它是人认识客观事物并运用知识解决实际问题的能力。智力也是资源，它与煤、石油等自然资源一样，只有被人们开发和利用，才能发挥巨大的能量，为人类造福。公共图书馆开发智力资源的职能表现在两个方面。第一是开发信息资源。图书馆收藏的图书文献所蕴含的信息、知识是一种智力资源，它只有经过开发，才能服务于人类。所以，图书馆要采用现代化的技术手段，建立完整的检索系统，对图书馆的这种智力资源进行开发，最详细、最全面地将其收藏的文献中的信息充分揭示出来，为每一条信息找到使用者，为每一个需要者准确、迅速地提供科学信息，从而使图书馆的智力资源得到充分的开发和利用，创造出新的物质财富和精神财富。第二是开发智力资源。图书馆不仅开发人类积累的智力资源，还要开发人的潜在的智力资源。这种智力资源的开发与图书馆的教职智能是密切联系的。图书馆对读者进行学习方法和阅读方法的教育，进行信息检索、开发和利用的教育，从而提高读者信息开发利用的能力。并利用丰富的馆藏文献，举办学术交流会、专题报告会、读者信息检索培训等其他形式的活动，开阔读者的视野，培养他们的各种能力，这都是图书馆开发智力资源的体现。

（5）文化休闲娱乐

进入21世纪，公共图书馆被定位为地区的文化中心，其功能早已超出文献服务，成为提供公共文化服务的重要公共文化机构。现代社会竞争激烈、生活节奏紧张，人们迫切需要一个抛开烦恼、释放压力、调节心情的舒适场所。所以，图书馆文化休闲职能应着力营造文化气息浓厚的休闲、交流氛围，使图书馆真正成为满足群众日益增长的文化需求的公共文化展示空间、传递空间、交流空间。目前国内公共图书馆立足馆情、积极探索策划了大量内容丰富、形式新颖的文化活动,产生了较大的社会反响,甚至表现出非常显著的品牌效应,例如国家图书馆的"国图讲座"、上海图书馆的"上图讲座"、辽宁省图书馆的"辽图讲坛"等,公共图书馆以行动践行使命,日渐成为城市生活文化空间的重要组成部分。

图书馆还可以开辟报告厅、展览厅等文化空间,开展科普讲座、英语沙龙、培训班等活动;建立视听室,播放光盘、幻灯片、影片等视听文献;建立新型线上线下融合的数字体验空间,利用VR、AR等数字技术,提高读者对于文化服务的获得感。公共图书馆人要以满足和丰富群众的精神生活、培养高尚生活情趣为目标,把日常生活中的休闲娱乐同图书馆等联系起来,全力打造一个群众眼中环境安静、舒适、和谐,人文气息浓郁的高品质文化休闲娱乐场所。

(6) 倡导社会阅读

公共图书馆是阅读的推动者,是阅读文化环境的建设者。随着图书馆服务领域的逐步延伸,举办丰富多彩的活动,丰富人民群众的精神文化生活是图书馆义不容辞的责任。除了为应用型服务对象提供信息,图书馆还承担着为学习型读者提供终身教育,为文化休闲读者提供健康向上的休闲娱乐服务的职责。公共图书馆的种类丰富的馆藏是引导读者健康阅读最有利的优势,馆员应帮助读者选择内容健康、品位格调高雅的书刊资料,帮助读者提升阅读能力,让读者通过阅读转变观念,移风易俗。

公共图书馆是培养公众阅读习惯和能力的主力军,尤其是对青少年阅读指导。例如向少年儿童推荐适龄图书,开展适合学生参与的阅读推广活动,组织诵读俱乐部,开展全民读书节活动等;帮助儿童提高阅读能力,帮助教师或家长提高指导儿童阅读的能力;开展线上阅读活动,通过撰写读后感的方式宣传书目,引导阅读方向。

(7)文化传播服务

随着时间的推移,图书馆在不断发展中经过与各种文化源的互学互鉴,创造出独具特色的图书馆文化。以这些馆藏文化为核心,图书馆实现了对人类几千年来的智慧结晶的跨时空交流和传播,为学习、科研等创新、创造性工作提供了必要的基础条件。因此,图书馆肩负起了文化交流和信息传递的链接的职能,成为当之无愧的社会文化信息中心。图书馆通过搜集和传播馆藏文化,完成了学科内外的交流,为跨学科研究和知识转移提供了可能。另外,在馆藏文化传播过程中,图书馆也无声地累积、构建了新的知识体系,为社会科学和自然科学的全面发展打下了更坚实基础。

公共图书馆的核心优势在于其对馆藏资源进行的专业化收藏和有序化管理,这使得图书馆能够高效地行使文化传播职能。第一,丰富的馆藏资源是图书馆文化传播的支柱和底座,是其他文化传播机构无法比拟的。第二,图书馆已有成熟的对馆藏资源进行标准化管理的流程,实现了对图书资源的合理利用和配置,为更广泛传播文化信息提供了方便。第三,图书馆拥有专业设备和专业人才资源,能够多种途径、多方式地传播各种类型的文化信息,构成图书馆文化传播和交流的优势条件。第四,庞大的读者群是图书馆的无形资产,也是图书馆文化传播的潜在对象。图书馆在传播文化科学知识的同时,间接起到了推动社会进步的功效。此外,随着各种新的文化现象此起彼伏地涌现出来,这些"即时文化"现象也成为图书馆文化传播的内容。举例来说,图书馆可以利用自身的文化优势,利用举办讲座、展览等活动的时机,重新发掘整理文化遗产、各学科的前沿动态、文艺英才的成果作品以及社会生活中出现的新的价值体系等文化现象。

(8) 服务地方文化

由于地理位置、历史沿革、经济社会发展等方面的差异,每一地区都有自身的特色,对这种特色的记录和保存,是各地公共图书馆的天然职责。公共图书馆首先要了解当地特色文化,加强相关文献征集和现有文献的整理开发,形成地域特色鲜明的文献合集;其次要充分利用计算机和网络等现代技术和设备,向读者提供本地区特色文献资源查阅、咨询等服务;最后要举办各种文化展览交流活动,提高地方文化传播成效,促进文化传播的多元化,支持地方文化发展。

## 二、公共图书馆与中华优秀传统文化传承

公共图书馆作为文化服务机构,要明确自身角色与定位,通过更新服务观念、创新服务模式去推动中华优秀传统文化传承与弘扬,为延续民族文化血脉,传承中国精神贡献力量。

### (一) 传承中华优秀传统文化的优势与定位

图书馆在传承中华优秀传统文化方面拥有突出的优势,且因其属于免费开放的公益性公共文化机构,理应承担起传承优秀传统文化的责任与使命,努力将文献资源优势转化为传承优势,更好地发挥出推动社会教育、传播文化知识等方面的积极作用。

**1. 具有广泛受众**

近年来,全国公共图书馆在数量、服务设施、文化产品供给等方面都得到了显著的提升和改进。自从公共图书馆实行"零门槛"

免费开放以来，其受欢迎程度不断攀升。统计数据表明，截至2021年年底，全国共有3217个公共图书馆，总流通人次达到72898万，这些公共图书馆遍布城乡各地，不仅服务于大城市，也覆盖了偏远农村地区。公共图书馆的广泛分布和流通人次的显著增加，为传播和推广中华优秀传统文化提供了庞大的受众基础。读者在自己接受中华优秀传统文化熏陶之后还会潜移默化地带动身边的人参与进来，进而有机会形成传承中华优秀传统文化的闭环效应，以更优质、高效的传承服务吸引越来越多的读者爱上中华优秀传统文化。

**2. 拥有丰富馆藏资源**

公共图书馆是以负责收集、整理和储存文献资源为基本业务模式的公共文化服务机构，拥有着日益丰富、完善的馆藏资源。这些资源不仅包括传统纸质书刊，还有内容广泛的数字资源，可以满足不同年龄段和阅读层次的读者的多渠道、多元化文化需求。2022年国家发布的文化数字化战略对智慧图书馆建设做出了统筹部署，明确提出要强化公共文化数字化内容供给，由此开始公共图书馆的数字资源建设将进入全速发展阶段，这也迎合了当下已经普及的数字化阅读浪潮。公共图书馆的纸质和数字资源相互补充，共同构成了公共图书馆继承和弘扬中华优秀传统文化的强有力文献支撑，读者可以根据自身情况自主选择，提升了读者学习中华优秀传统文化的主动性。

**3. 能提供多元化服务模式**

为适应现代社会发展的趋势，毫无疑问"智能化"成为未来公共图书馆的主流发展方向。"智能化"旨在让服务更加方便、快捷，提供更加多元化和趣味化的体验。公共图书馆在推广中华优秀传文化的过程中，应充分利用智能化服务手段，通过形式多样的线下活动，如讲座、展览、诵读等，结合线上开展的数字化阅读等相关活动，让中华优秀传统文化走向"云端"，进入人们的"指尖"。通过线上与线下互动融合，公共图书馆传承中华优秀传统文化的活动扩大了传播范围，提升了传承效果，加深了与广大群众之间的沟通和交流，让他们产生共鸣，增强中华优秀传统文化的凝聚力和影响力。

**4. 拥有协调多方协同合作的能力**

公共图书馆拥有专业的馆员队伍，他们掌握图书馆业务知识，具有策划、组织中华优秀传统文化系列活动的实践经验。除此之外，公共图书馆还拥有协调多方协同合作的能力。当开展大型活动时，公共图书馆一方面可以向有关部门争取人、财、物等方面的大力支持，另一方面可以引入优质的社会力量，打造集合政府、学校、社会组织、志愿者团队等多元主体力量参与的，群众喜闻乐见、争相参与的传统文化品牌活动。这种协同参与模式可以在全社会形成一种人人参与、人人喜爱、人人传承和弘扬中华优秀传统文化的良好氛围。

**（二）传承中华优秀传统文化的路径探析**

党的十八大以来，习近平总书记为传承发展中华优秀传统文化做出一系列重要指示。在此背景下，公共图书馆开展了丰富多彩的学习、传承、体验中华优秀传统文化的实践活动，并在此基础上总结形成了一系列行之有效的传承优秀传统文化的服务模式，较好地履行了公共图书馆的文化传承和社会教育职能。

**1. 挖掘整理传统文化馆藏，感悟传统文化内涵**

图书馆蕴藏着内容丰富、年代久远的珍贵文献资源，长期以来一直为读者提供免费的文献资源服务。在这里，读者不仅可以阅读纸质古籍、欣赏书法绘画，还可以参加与中华优秀传统文化相关的活动，如猜灯谜、诗词朗诵、古籍特展等；或者利用数字资源库开展传统文化的学习与科研；此外，读者还可以通过多媒体欣赏传统音乐戏曲，这些都是公共图书馆弘扬与传承中华优秀传统文化的常见模式。2019 年，哈尔滨市图书馆与国家图书馆联合举办了"册府千华——黑龙江省藏国家珍贵古籍特展"，其中的古籍保护部分展现了多年来黑龙江省古籍保护的工作成果，而珍贵典籍部分则展出了哈尔滨市图书馆馆藏的 50 部典籍，包括宋元明清等时期的珍本和善本。这次展览让珍贵的古籍走到大众面前，真正让书中的文字"活"了起来。

**2. 开展阅读推广活动，体验传统文化乐趣**

为了让图书馆的资源和阵地更有效地服务于中华优秀传统文化的传承，可以考虑将地域文化与传统节日等特殊的时间节点相结合，策划具有浓郁地方特色的传统文化阅读推广活动。例如，可以邀请书法家在春节期间开展讲春联、写春联、送春联的活动，增强读者对春节文化的了解和感知；可以在元宵节期间举办猜灯谜活动，让读者了解闹元宵、猜灯谜的习俗，感受传统文化乐趣。此外，还可以通过举办国画班、国学班、茶艺班等，为读者提供更多体验的机会，让读者从中获益。例如太原图书馆的"太图之声"系列活动就比较有特色：有声读物荐读、唐朝诗人经历、家训；电子讲座：彩陶艺术、中国画创作、古代玉礼器知识；太宝礼韵国学馆：《世说新语》；阅读推广活动：张氏剪纸、风筝制作、彩泥塑艺术、猜灯谜、古琴音乐会、木工、中华传统文化百部经典专架；太图讲座：《红楼梦》、国学系列等。

### 3. 丰富线上模式，拓宽传统文化传承空间

随着网络化、数字化技术的飞速发展，公共图书馆的业务领域已经突破了实体边界，拓展到广阔的互联网空间。为了满足读者多元化的阅读需求，公共图书馆应积极拓展传统文化的传承空间，不断丰富传统文化的线上服务内容和模式，从网络平台和内容呈现等角度，全方位激发读者对传统文化的求知欲和参与传统文化活动的热情，这是公共图书馆的当务之急。例如，2019年哈尔滨市图书馆举办了"弘扬传统，走近经典"传统文化传承活动，该活动引导读者扫描二维码或登录数字图书馆完成传统文化知识有奖竞答。此外，公共图书馆还广泛利用微信、微博等新媒体平台开展中华优秀传统文化的渗透宣传，不定期举办线上书评、答题等活动，增加传统文化的宣传力度。

### 4. 重视品牌建设，形成可持续发展的热效应

为了形成稳定的优秀传统文化传承活动的品牌效应，公共图书馆可以围绕地方文化特色和馆藏优势资源，群策群力策划充满浓郁时代气息和文化特色的品牌活动。在品牌内容方面，需要深入挖掘书香文脉和地域文化精华，要符合传统文化发展现状和趋势；在品牌构建方面，公共图书馆要注重顶层设计，全面推进品牌建设，不断提升品牌形象的认知度和美誉度，使其成为具有文化内涵和时代特色的知名品牌。此外，还需要整合社会各方面资源，加强活动宣传，不断扩大活动在群众中的影响力，使其逐步深入人心，引发争相参与，从而形成有影响力的服务品牌。例如杭州市图书馆的"弘毅国文、浸润心香"系列活动、国学文化《论语》讲座，广州市图书馆"袁

庭栋文化书库"、"风·雅·颂"天府文化诵读展演等。

**5. 投入专项资金，完善传承活动制度保障**

近年来，党和国家高度重视中华优秀传统文化的传承和弘扬。《中华人民共和国公共图书馆法》《中华人民共和国公共文化服务保障法》等政策法规，是公共图书馆开展优秀传统文化的传承工作的提纲挈领性文件，必须认真对待并深入领会精神。此外，结合实际工作需要，积极争取专项资金的支持也是十分必要的，充足的资金是传统文化传承活动顺利开展的保障。同样重要的是，公共图书馆还需要制定传承优秀传统文化活动的制度规范，明确任务和责任分工，建立活动效果反馈流程，做好统筹规划，以形成活动开展的长效机制。

## 三、公共图书馆经典阅读推广

### （一）公共图书馆阅读推广

《公共图书馆业务规范 第1部分：省级公共图书馆》GB/T 40987.1-2021对公共图书馆阅读推广定义如下：是指公共图书馆为培养读者阅读习惯、激发读者阅读兴趣、提升读者阅读水平，进而促进全民阅读所开展的工作，肩负文化传承、素养教育使命的公共图书馆。自2004年中国图书馆学会倡导全民阅读以来，已进行了近二十年的阅读推广实践探索与理论研究，阅读推广主题月、主题周活动，早已成为图书馆的常规业务。

**1. 公共图书馆阅读推广目的和意义**

公共图书馆的阅读推广服务不仅有助于推动读者个人阅读、促进图书馆发展，也有助于提升广大群众的文化素养、营造全社会的书香氛围。作为衡量一个国家文明进步的重要标志，书香萦绕的社会氛围一直是图书馆人长期以来追求的目标。书是人类最好的朋友，阅读是最好的娱乐，通过学会阅读、热爱阅读，读者可以提升自己的知识文化水平，促进个人素质的全面提升。公共图书馆的阅读推广服务致力于为每一个读者提供个性化服务，满足不同年龄、不同职业、不同目的的读者的阅读需求，通过菜单化、定制化服务，确保每个读者都能够获得满意的阅读体验。常见的阅读推广活动包括各种专题展览、名人名家讲座、读书分享会等多种形式，为读者打造了丰富多彩的阅读体验。

### 2. 公共图书馆阅读推广特色

（1）内容：经典与专业并重

对于什么是经典，学界争论不休，但是对于经典作品大家的看法基本上是一致的。《文心雕龙·宗经》中说："经也者，恒久之至道，不刊之鸿教也。"博尔赫斯说："经典是一个民族或几个民族长期以来决定阅读的书籍，是世世代代的人们出于不同的理由，以先期的热情和神秘的忠诚阅读的书。"意大利学者卡尔维诺指出："所谓经典不是那些人们正在读的书，而是人们正在重读的书。"知识爆炸与现代信息技术的双重冲击下，人民接收到的信息越来越丰富，信息传播的速度越来越快，信息传播的渠道越来越多元，让置身于信息时代的读者很难真正坐下来品读一本经典，对以"书"为核心业务工作的公共图书馆造成了巨大的冲击。面对不受重视的经典，公共图书馆需拿出攻坚克难的精神，在进行阅读推广时做到经典阅读和专业阅读并重，为读者提供更完善的阅读推广服务。这样，读者不仅可以接触到经典著作，了解中国传统文化的博大精深，还能获取传统知识,从而实现知识结构的全面升级。

(2)目的:休闲与严肃并行

时代发展蒸蒸日上,人们的物质生活水平也日益提高,"满足人民日益增长的精神文化需求"这一目标开始频繁出现在各种规划性文件中。于是,阅读成为一种时髦的文化休闲方式,开始逐渐受到人们的关注和重视。休闲阅读是人在闲暇时间里,于内心之爱驱动下自主选择的以阅读为内容的休闲方式。除了轻松、随意、重质感之外,休闲阅读的另一种快乐是开卷有益。随着现代生活节奏越来越快,工作压力越来越大,对人们的综合素养不断提出更高要求。休闲阅读看似漫无目的,实则是培养阅读兴趣开端,也是人们充实内心世界最有效的方法。与休闲阅读不同,严肃阅读注重在阅读的过程中保持严谨认真的态度,需怀着敬畏之心阅读每本经典著作,并深入领会作者的意图和作品的内涵。因此,公共图书馆的阅读推广应将休闲阅读与严肃阅读并行,既激发读者阅读兴趣,又培养读者穷原竟委的阅读态度,最终达到引导阅读行为的目的。

(3)方法:导读与自主阅读相辅相成

现代社会,年轻人思想活跃,好奇心重、包容性强,更容易沉迷于新技术、新媒体等新鲜事物带来的体验。在许多干扰的影响下,年轻人越来越难以专注于学习和科研,并更加追求表达个性。此外,年轻人在甄别书籍方面的能力有所欠缺,往往盲目跟从潮流。因此,公共图书馆开展图书推荐和导读工作的意义和作用是无须言明的。公共图书馆推广服务要导读和自主阅读并重,其目的在于帮助读者培养阅读兴趣、规范阅读行为;培养阅读方法、提高阅读能力;推广图书馆资源,提升信息素养。公共图书馆可以通过讲座、沙龙等活动形式，邀请知名学者或备受年轻人欢迎的网红学者等指导、帮助年轻人精准选择适合自己的书籍，提高阅读体验。

（4）模式：线上与线下融合发展

新技术和新媒体的涌现，在一定程度上改变了人们的阅读内容、阅读媒介及阅读方式，电子阅读的出现严重冲击了人们对纸质阅读的需求，线上阅读已成为主流。比较起来，线上阅读的便捷化获取、碎片化阅读、社交化分享，更符合现代人的信息生活方式；而线下阅读主张的深度阅读、系统阅读、研究阅读以及享受一杯咖啡一本书的阅读氛围，都是线上的快餐化阅读所无法企及的。因此，公共图书馆不应该将线上阅读与线下阅读对立起来，错误地认为二者是此消彼长的关系，要认识到无论线上还是线下都只是人们获取知识信息的渠道，甚至加以正确利用二者可以相互促进。公共图书馆的阅读推广应大力推动线上和线下相结合的服务模式，线上阅读与线下阅读推广并重，两者相辅相成，相得益彰，满足不同读者的需求。

（5）环境：实体与虚拟共生

图书馆的环境是由实体环境和虚拟环境共同构成的。实体环境包括不同阅览室、体验空间和保存本书库等具体的物理空间，是提供图书馆服务的场所；虚拟环境则主要指网络空间，包括局域网、数字资源库、Wi-Fi 环境等，为读者提供更为广泛的数字信息资源阅读。新技术、新媒体背景下，虚拟环境是对实体环境的补充和辅助，因此完善公共图书馆的虚拟空间建设、拓展虚拟空间服务功能已经迫在眉睫。公共图书馆应重视阅读推广环境的建设，同时致力于提升实体环境和虚拟环境的服务质量和硬件设施，全面提升读者的阅读体验。

### 3. 公共图书馆阅读推广模式

常见的国内公共图书馆的阅读推广模式主要有以下 12 个类别。

（1）推荐书目类活动

引导读者进行阅读，是公共图书馆的基础业务和重要职能。公共图书馆除了开展一些重温经典的阅读推广活动外，也可以定期推出新、旧书籍相结合的推荐书单，还可以定期公布馆藏书籍借阅量排行榜以供读者参考。除了传统的好书推荐、新书导读等荐书手段，馆长荐书以及"你选书，我买单"等阅读推广模式正在流行，尤其是后者，既营销了图书馆又推进了全民阅读，把图书采购权交给读者，由读者选择喜爱的图书并分享给广大市民。

（2）讲座类活动

讲座是公共图书馆传统的读者活动项目。公共图书馆的讲座类活动因其公益性、门槛低等优势，吸引了社会公众的广泛参与，如今已经成为公共图书馆中不可或缺的阅读推广活动模式。在活动中，通过主讲人向听众讲授某方面的知识、引领读者探寻未知领域，读者收获了知识、拓宽了视野、全面提高了综合文化素质。从内容分类来看，讲座类活动又细分为热点类、名人类、论坛类、学术类四大类。例如辽宁省图书馆打造的"辽图讲坛"公益讲座品牌，曾邀请央视《百家讲坛》主讲人李山围绕《诗经》为读者带来线上讲座；深圳图书馆创意推出的"寻找青年领读者"品牌，是面向流动青年、贫困青年和残疾青年等群体开展的文化素质教育活动。

（3）展览类活动

书籍、书法、绘画、摄影等作品的展览、展示类活动很早便在公共图书馆普及开来。门槛低是公共图书馆文艺展的核心优势，参与者和参观者都无须很高的艺术造诣,文艺爱好者甚至普通市民和儿童都可参与其中,尽情地展示自我。活动一举两得,既陶冶了参与者和参观者的艺术情操,又让人们对于文化背景知识产生兴趣,无形中促进了全民阅读的发展。例如,深圳图书馆举办的"万卷芳华,阅见美好"中老年摄影展;湖北省图书馆主办的"因书而美——世界读书日主题摄影展";本溪市图书馆举办的"梨园贺岁·百戏昇平"戏曲文化主题展览等活动。

(4) 竞赛类活动

竞赛类活动是目前公共图书馆广泛开展的阅读推广活动。排名、比赛的方式可以充分调动参与者的积极性,提高参与者的专注度,挖掘参与者在某一方面的潜力。例如山东省图书馆连续举办的"风雅存诗意·古韵有新声"少儿诗词诵读大赛;银川市图书馆举办的儿童节主题绘画比赛"庆六一 我心目中的图书馆"活动;贵州省德江县图书馆开展的"我是故事王"绘本故事演讲比赛等。

(5) 读书会或读者沙龙

一个人读书,是与作者进行心灵的对话,一群人读书,更是阅读者思想的碰撞、感悟的分享。为了引导市民阅读习惯,支持读书热情,公共图书馆应积极组织读书会或读书沙龙活动,提供免费的阅读场所,营造良好的阅读氛围。读书会或读书沙龙的策划需要注意两点:一是确定方向,可以根据主题分类,如文学阅读、人文阅读、励志阅读、专业阅读等;二是做好活动策划,会下完成阅读,会上交流讨论。例如庆阳市图书馆以"相约图书馆,与作家零距离"为主题,邀请知名作家参与,旨在打通作者和读者之间的认知壁垒,为各位读友提供一个交流互动的平台;济南市图书馆推出了名为

"读·立"的沉浸式家庭读书会，针对目标图书进行了精心的沉浸式阅读设计。活动由阅读场、体验场和沉浸场三个环节组成，读者需要提前阅读目标书籍，然后在阅读场获取书籍密码本或任务清单，进入体验场随机组队完成阅读挑战，在沉浸场中化身为书中人物参与读书表演或朗诵，实现对图书的立体化阅读。

（6）真人图书馆

真人图书馆是读者"借"一个活生生的人交谈以获得更多见识的活动，源于丹麦的哥本哈根。真人图书馆与传统图书的不同之处在于，它提供的"真人书"拥有丰富的生活经验，这些知识通常是读者在书本上或其他渠道难以获得的。真人书一般都是志愿者，他们自愿且有能力将自己的人生经验、生活状态自愿与他人分享。真人书需要与读者之间建立一种良好的沟通和理解。某种程度上说，真人图书馆能够减少不同群体之间的歧视，增强人们的安全感，这也是阅读纸质书籍难以获得的直接感受。

（7）创意类活动

新型的阅读推广活动中，时尚的形式和内容是吸引读者广泛参与的重要因素。因而，需要不断丰富阅读活动主题，挖掘出有创意的内容，促进图书馆与读者的互动交流。新兴的游戏化阅读推广，即是游戏化理念在图书馆阅读推广领域的应用。例如北京大学图书馆推出的主题阅读推广活动"密室逃脱"，通过馆员编写故事剧本，引导读者在图书馆中探索并利用馆藏资源完成游戏任务，最终走出密室。将这种富有时尚感和参与性的线下活动与司职知识传播的图书馆相结合，是一次大胆的尝试。

### （8）数字阅读推广活动

数字阅读是一种新的阅读方式，现已成为阅读推广中非常重要的一部分。对于这种新兴的阅读方式，可以开展多元化的阅读活动加以推广。目前，国内省级公共图书馆100%开通了微信公众号，几乎所有图书馆都在自己的微信平台上加载了数字资源阅读的链接，如无障碍影音、知识视界、库克音乐等。与数字阅读相关的推广活动也方兴未艾，例如由国家图书馆推出的"网络书香·阅见美好"数字阅读推广活动，通过扫码阅读体验、数字资源阅读打卡等线上线下多种形式，携手全国各级公共图书馆及社会公众，共享新春数字文化盛宴；为助力数字阅读推广，重庆图书馆发布"数阅战队"IP形象；兰州市图书馆推出"网络书香·阅见美好"数字阅读推广活动，读者通过数字资源阅读打卡等形式，共享数字文化盛宴；青岛市图书馆利用微信平台推出了"云上青图"数字阅读服务品牌，向社会提供开放、免费的公共数字文化服务。

### （9）亲子活动

随着社会的发展，人民生活水平的提高以及家庭结构的变化，亲子活动越来越受到家长们的欢迎。在公共图书馆的阅读推广活动中，家长的陪伴，小朋友们的努力，都是助力书香城市建设中的一份不可忽视的力量。由于亲子活动的参与人群为父母和孩子，因此活动氛围较为融洽，参与者的积极性也相对较高。例如深圳市罗湖区图书馆举办了"阅读的力量"亲子阅读挑战赛，活动共有110组亲子家庭参与，引领全民阅读向纵深发展；兰州市安宁区图书馆开展的"翰墨飘香 智思泉涌"亲子阅读、绘本创作活动，在志愿者的引导下、家长的鼓励下，小朋友在书中寻找答案，争先恐后地回答问题，不时发出阵阵笑声。

(10) 志愿者活动

很多公共图书馆都会在阅读推广活动中招募志愿者，志愿者在完成工作任务的同时也成为阅读推广的深度参与者。在假期招募学生志愿者是公共图书馆的惯常做法，学生们报名踊跃，不仅使他们的假期变得更有意义，也有助于他们更多地了解图书馆，参加图书馆的活动。例如从2015年至今，已有1100名青少年参与了青岛市图书馆的文化志愿服务，为助力"书香青岛"做出贡献；山西省图书馆面向社会招募"亲子志愿家庭"，组成以家庭为单位的志愿者团队。

(11) 捐赠类公益活动

捐赠类公益活动主要面向特定人群或地区，如残障人士、留守儿童、贫困地区等，其目的是为这些人群提供阅读的帮助和支持。捐赠类公益活动的物品种类丰富，不仅限于图书，旨在为最需要帮助的人群提供支持和关爱。这种将公益元素与阅读推广活动结合的方式，有助于实现精准扶贫和文化扶贫的目标。例如，黄山市图书馆开展的"书送希望，情暖留守儿童"活动，株洲市图书馆开展的"关爱留守儿童，送书进校园"活动，兰州市图书馆举办"耳听世界 畅享阅读"赠送听书机活动。

(12) 面向特殊人群的合作共建活动

公共图书馆的读者群体相比高校图书馆更为广泛，其中包括了一部分特殊人群。针对这部分人群，开展面向特殊人群的阅读推广活动需要采取与普通读者不同的措施，并一般都是与相关部门合作，以更好地开展相关活动。例如辽宁省图书馆与辽宁省残联联合举办的"我与祖国"视障人非视觉摄影主题作品展,与盲校联合开展的"面对面"朗读活动;陕西省渭南市临渭区图书馆与渭南市监狱联合开展的"送阅读进渭南监狱"送书活动;阜阳市图书馆与市残疾人联合会、特殊教育学校合作,共同打造了阜阳市图书馆视障阅览室,并联合开展了阅读推广活动。

### (二)公共图书馆经典阅读推广

传统文化阅读推广是公共图书馆为促进和推广传统文化阅读而提供的专项服务。公共图书馆推广传统文化的主要目的是传承和弘扬有价值、有意义的中国传统文化,鼓励公众对传统文化经典的阅读和研究,引导人们更好地理解和欣赏中国传统文化的魅力以及通过阅读经典来丰富人生体验和精神生活。

**1. 中华优秀传统文化阅读推广的重点领域——经典阅读**

经典阅读对人的成长意义不言而喻,倡导经典阅读是社会与公众的共同价值指向。《中国图书馆学会关于开展2022年全民阅读工作的通知》明确了现阶段公共图书馆阅读推广的主要任务与发展方向,着重强调传统经典阅读推广是公共图书馆阅读推广的重要领域;公共图书馆要积极利用新媒体,赋能传统文化经典的表达与传播;创新传统文化经典的阅读推广策略,积极开展公众喜闻乐见、成效显著的传统文化经典的阅读推广活动,增强公众对传统文化的价值认同和对新文化现象的辨识能力,以更好地促进社会和历史的发展与进步。

古今中外的学者对于什么是经典众说纷纭,但是对于哪些作品是经典的认知几乎是一致的。经就是经典意义的来源,是指在长期流传中形成的、经过历史选择并且具有历史传承的思想观念的文本。

阿根廷文学家博尔赫斯认为："经典是一个民族或几个民族长期以来决定阅读的书籍，是世世代代的人们出于不同的理由，以先期的热情和神秘的忠诚阅读的书。"而通俗一点的定义是，意大利作家卡尔维诺在《为什么读经典》中所提到的，经典是那些你经常听人说"我正在重读……"而不是"我正在读……"的书。在这里，卡尔维诺强调的是经典不断被重新认知的过程。现代人对经典的态度，可以从马克·吐温对经典的嘲讽中得到启示——人人都希望读过，但人人又都不愿去读的东西。一句话道明了经典阅读所面临的困境，推广经典阅读的重要性与迫切性便愈加凸显。

对于经典的阅读推广而言，多次强调其意义，都不如激起读者对经典的渴望来得更加有效。因此，经典阅读推广活动的目的第一是唤起读者阅读经典的自觉自愿；第二是强调提升读者阅读经典的能力；第三是重视经典阅读的场景建设；第四是采取多元化的阅读推广方式，就是将听、说、读、写四大阅读基本功有机结合，融书目推荐、名著阅读、影视欣赏、读书沙龙、主题征文等形式于一体的综合性推广方式。

### 2. 经典阅读推广的主要内容与方式方法

（1）主要内容

为了满足不同年龄、知识水平和传统文化教育程度的读者群体需求，公共图书馆应制定适合读者个性化需求的传统文化经典书目。经典书目的选择要遵循时间性、影响力、广泛性等标准，挑选能够代表民族精神和价值观念的，富含卓越思想和道德精华的，以爱国主义为本质的民族精神和以创新发展为本质的时代精神为内核的经典著作。

一些著名学者和文化大家曾经对中国传统文化经典进行过推荐，其中以梁启超的《最低限度之必读书目》、胡适的《一个最低限度的国学书目》、张舜敏的《初学求书简目》、朱自清的《经典常谈》、钱穆的《文史书目举要》等影响较大。据钱穆所言，《论语》《孟子》《老子》《庄子》《六祖坛经》《近思录》《传习录》是研习中国文化必读的七部基础之书。阅读推广专家王余光将中国传统经典推荐书目分为八类："四书""五经"，前四史与《资治通鉴》，先秦诸子，其他子部书，唐宋诗文，其他诗文，古典小说及其他。对于古往今来的读书人而言，推荐书目是智者的人生体验和经验总结，具有高度的指导和忠告的价值。公共图书馆应该引入适合现代社会的专家版推荐书目，在保持客观的前提下，注重对图书内容的挖掘和导读，将最终读书的选择权交给读者自己。

（2）方式方法

在推广传统文化经典的阅读过程中，应该注重方式方法。需要了解传统文化经典的特点，深度挖掘其文化价值、知识价值、教育价值和审美价值，积极开展经典名著导读和阅读方法的指导。

在阅读推广过程中，需要了解不同版本之间的差异。吴宓以为，哲学代表着汽化的人生，诗歌则象征着液化的人生，小说记录着固化的人生，而戏剧则是爆炸的人生。因此，我们需要采用不同的阅读方法来阅读不同类型的作品。例如，唐诗、宋词要"慢品"，沉浸式体验要"入戏"。为了更好地理解传统经典作品，我们提倡直接阅读原著经典，原原本本学。只有这样，才能真正地领悟经典的深意。伍尔芙在《关于读书的自由与限制》一文中指出：假使容许那些权威——无论他们多么显赫——进入我们的图书馆，让他们告诉我们怎样读书，读什么样的书，进而对我们所读的东西进行评价，这样做便扼杀了书之圣殿的自由精神，而自由精神恰恰是图书馆的生命所在。图书馆应该鼓励读者自由阅读，不应该人为地规定哪些书是好书，哪些书是坏书。读者拥有最终选择权，图书馆员不应该替读者决定，也不应该设立阅读禁区。读者不必盲从好书推荐和必读书目榜单，而应该相信自己的判断力，发掘自己的独特感悟以及从中获得人生经验。

**3. 经典阅读推广的误区**

现今，公共图书馆越来越注重推广经典阅读，通过举办各种活动来呼吁读者重拾对经典阅读的热情。常见的活动类型有经典书籍推荐、经典主题讲座、经典作品展示、经典阅读征文等，这些努力已经初见成效，经典阅读率得到了显著提升。然而，值得注意的是有些经典阅读推广活动存在形式主义的误区，过于重视阅读活动本身，而忽略了其他深度影响读者经典阅读行为的因素，如阅读环境、阅读意愿、阅读形态等。这种本末倒置的误区导致活动如火如荼地进行，但经典阅读率并未明显提高，许多读者仍然无法持续阅读经典作品。因此，推广经典阅读不应仅仅停留在表面形式，而应该更深入地思考影响读者阅读经典的各个因素。

（1）不重视对阅读兴趣保护

卡尔维诺曾说，阅读经典作品的目的不应该是出于职责或敬意，而应该是因为我们喜欢它们，对它们感兴趣才去读。然而，公共图书馆在推广经典阅读时，往往过于强调作品的思想、价值、意义等学术内容，这些虽然是经典所必备的并已得到充分认可的特征，但是过于强调这些并不能唤起读者真心阅读的愿望。相反，过犹不及的干枯说教可能会干扰读者的兴趣，导致许多阅读推广活动声势浩大地开展，却不接地气，不被读者所接受。

针对青少年读者，阅读推广应摆脱"教学式"的气质，抛开"作业式"负担。例如，大部分青少年读者都表示，我喜欢读书但不喜欢写读后感和读书笔记，对此可用分享式阅读取而代之，这样更能迎合青少年读者的特点。对成年读者而言，经典阅读推广也不必非要裹挟着价值观推送，这会增加读者的阅读压力，甚至因其反感。相反，以平等和互动为基础的推广方式更有利于缩短读者与经典之间的距离。此外，推广经典作品的语言应该避免学术词汇的堆砌，宜深入浅出，用更具现代感和亲和力的语言来推广表述，这种方式反而更能引起读者的共鸣，产生意想不到的效果。

（2）对新媒体阅读明褒暗贬

经典作品的推广通常基于严肃和庄重的态度前提，旨在消除浅阅读和碎片化阅读等数字化阅读所带来的不良影响。根据第十九次全国国民阅读调查报告，2021年我国成年国民包括书报刊和数字出版物在内的各种媒介的综合阅读率为81.6%；图书阅读率为59.7%；79.6%的人接触过数字化阅读方式，包括手机阅读、在线阅读、电子阅读器阅读等。由此可见，数字化阅读人数已经超出纸质图书馆的阅读人数两成之多，这要求公共图书馆必须重视经典的数字化阅读推广。深阅读和浅阅读并不是非此即彼关系，带着对碎片化和浅阅读的偏见而开展的阅读推广活动，必然存在不足之处。

批评浅阅读的观点包含两种假设：一是经典作品不应该被浅读，二是浅阅读无法引起深入思考。对于阅读经典作品可以唤起内心的宁静和睿智的思考是被普遍认同的共识，这源于作品本身所蕴含的价值，而不是阅读方式或形式所带来的。因此，与其关注"怎么读"，更加有价值的是关注我们正在阅读的内容。

经典的阅读推广需要加强对新兴阅读媒介的利用。数智化时代，公共图书馆在持续倡导传统纸媒阅读的同时也要正视"掌上阅读"的优势。存在即合理，媒介改变了信息的呈现方式和读者的行为习惯，但阅读的本质并没有改变。碎片化、信息过载、信息干扰等我们现在排斥新媒体阅读的种种说辞，可能只是全社会适应新生事物的正常的过程。最重要的是，我们仍然在阅读，而且阅读内容没有改变。通过更好地理解阅读媒介和读者的行为习惯，我们可以更有效地将经典阅读推广给更广泛的受众，并在数字时代中传承阅读的精神和价值。

（3）阅读场景"无用论"

只强调经典阅读方式或作品价值会将经典阅读推入形式主义误区。要关注阅读推广的有效性，即使对于众所周知的作品，也不能仅停留在泛泛推广的层面，要让阅读推广真正深入人心，让经典名著成为读者的案头长卷。阅读推广不同于广告宣传，它应该致力于创造适宜的阅读环境，使读者可以沉浸在书海之中，享受阅读带来的快乐。只有这样，公共图书馆才能拉近与读者的距离，真正感受并体验到阅读的乐趣和价值。阅读是私人的，但阅读推广应该是整个社会的责任。因此，公共图书馆的阅读推广应该联合学校、社团、社区等组织，利用各种资源、技术和力量，让更多的读者与经典阅读充分接触。

### （三）公共图书馆经典阅读推广实施策略

#### 1. 激发经典阅读兴趣

针对大多数人对经典作品的态度，阅读推广不应该反复强调经典的意义和阅读经典的重要性，更重要的是点燃读者的阅读热情和兴趣。例如"我要读"和"爱好读"是主动积极的态度，而"要我读"和"应该读"是被动消极的态度，前者是公共图书馆经典阅读推广要达到的效果。

（1）古为今用，发掘经典的时代价值

读者对很多经典作品的内容虽谈不上倒背如流，但也或多或少有些了解。对于这一类经典书籍而言，如果推广的表述只是基于主要内容的泛泛之谈，势必会让读者产生老生常谈之感。为了让经典阅读推广更有深度，应该侧重于挖掘经典作品的当代价值，并将其与社会现实、热点信息等融会贯通，以深入的加工和解读引发读者的兴趣和共鸣。

（2）精挑细选，提升读者阅读体验

出色的阅读体验可以激发读者的阅读兴趣以及更高的阅读期待，进而更容易选择经典书籍进行阅读。因此，在推广经典阅读时，提高阅读体验是一个关键环节，往往会产生事半功倍的效果。经典书籍的内容、版本等核心要素，版面、配色和字体等视觉要素，都直接或间接地影响读者的阅读体验。推广经典阅读应该有所取舍，精选公认优秀的版本和译者，让读者收获更多的情感、人文和社会价值。例如，可以精心挑选经典书籍中的精华部分和精彩篇章进行试读；在推荐书目中注明经典书籍的译本或版本；避免提供字号过小、字迹模糊、段落不清晰的版本或网页，尽最大可能为读者提供完美的阅读体验，以维护读者的阅读兴趣。

（3）蹭热点，充分利用兴趣关联效应

公共图书馆致力于推广经典阅读，希望读者都能够阅读原著，而不提倡道听途说、断章取义。可是，公共图书馆又不得不承认，这些提供道听途说的名人解读或提供断章取义的长、短视频，确实成功激发了读者阅读经典，探寻历史真相的兴趣，而且效果空前。这种效应被称为"兴趣关联"，即读者的阅读兴趣通常是与本人当前感兴趣的主题相关的。因此，我们要给予热播综艺或影视剧集等文化内容以足够的重视，合理地蹭热点，注重相关性推广和关联性推广，将读者的"兴趣关联"为我所用，引导读者回归经典阅读。例如，公共图书馆可以以抖音上热门的经典电视剧解构片段为切入点，通过铺陈渲染，引导读者从线上走到线下、从观看影视作品阅读经典原著，从知其然到知其所以然的升级转化。当然，读者有一百个理由来解释为什么他们读不下去某些经典书籍，但公共图书馆人始终相信只要激发了读者的兴趣，就有完成经典阅读的可能。

**2. 升级碎片化阅读**

（1）科学规划碎片时间

公共图书馆应积极展开经典阅读推广的营销活动，争夺那些被网络购物和网络游戏所占据的读者的碎片化时间。第一，经典阅读推广需迎合读者碎片化的阅读习惯，摆脱高高在上的传统思维，积极开展碎片化阅读营销活动。通过全媒体服务，充分利用图书馆网站、微博、微信、短视频、相关媒体等手段来宣传推广，主动拉近与读者距离，抢占读者碎片时间。第二，以碎片化思维策划阅读推广，从看似零散的碎片时间中赢得读者的注意。为此，应针对读者的碎片化阅读习惯策划特别的内容和流程，有目的、有措施、有步骤地引导读者科学管理碎片时间，以便有利于阅读经典书籍。

（2）提供连贯阅读体验

长篇大论的经典书籍通常会让人望而却步。处在生活节奏快进的时代，人们不再有耐心和勇气去静思阅读大部头的经典名著。文化快餐大行其道，这也是"让李敖去读书，我们来读李敖"的经典解读版本盛行的原因之一。为了让经典阅读推广卓有成效，公共图书馆应认真研究读者的碎片化阅读状态，寻求碎片阅读与完整阅读的融合转化之策，使碎片阅读同样适用于经典著作。将长篇经典著作分割成碎片单元，再以连贯阅读的模式推广给读者，是较为可行的思路。具体来说，对于纸质阅读而言，可以用方便携带的口袋书取代普通纸质图书；而对于数字阅读而言，则需要在技术操控下保障在不同载体之间随意切换时的阅读连贯性，用媒介融合和内容聚合的方式完成对碎片化阅读的转化。《移动的力量》一书中的"跃读"模式非常值得借鉴，公共图书馆可以在纸本经典图书中添加智慧条码，让读者能够随时随地实现线上线下的自由切换，获取连贯的阅读体验。

（3）减少浏览推崇阅读

阅读学研究指出，泛读、略看、跳读、扫瞄的阅读方式统称为浏览，这种阅读方式虽效率高，却往往会忽略掉经典名著中那些值得品味的细节，因而不适合经典名著的阅读。为了减少浏览经典的行为，公共图书馆在开展经典阅读推广时应具体情况具体分析，从经典著作的特点出发，选择不同的内容呈现方式和推广模式，避免千篇一律的操作。举例来说，像唐诗三百首这类的书籍，很容易拆分成短小的阅读单元推送，因而非常适合读者在碎片时间进行阅读。碎片化的阅读，不会给读者造成阅读压力，简短的内容更容易将浏览升级为阅读。微信公众号"经典短篇阅读"，就是因给读者提供了适合碎片化阅读的内容，而收获了大量关注。对于那些厚重的经典名著来说，更适合采用精彩片段欣赏的推广方式来满足读者的碎片化阅读习惯。图书馆员应积极利用微博、微信、抖音等新媒体，按照原著的章节顺序，突出亮点，制作短视频推广内容，并定期发布。这种碎片化的推广方式可以为长篇经典作品打造适合的阅读模式和时长，让读者在零散的时间里也能方便地阅读。由于新媒体平台连续地推送经典片段，读者的兴趣逐渐增加，最终导致他们从线上浏览转变到线下阅读经典原文。

**3. 重视阅读推广情景设计**

无论是实体情境还是虚拟情境，阅读始终是在特定情境下进行的。因此，第三方的阅读情境无疑是除了读者自身和书籍本身之外，影响阅读行为的尤为重要的一个因素，它决定了读者的需求特征和行为特点。

（1）改善经典阅读的环境

针对中国传统经典阅读，历史学家余英时曾提出一个实用性很强的建议：类似于西方人放置《圣经》、日本人放置佛经的做法，在中国的旅馆房间里应该放置一部《论语》。他在某次采访中指出："放置一部《论语》，总会有人翻阅几句，这样有百利而无一害。"公共图书馆应该与社会各部门协作，将古今中外的经典读物放置在车站、地铁、餐馆、商场、旅馆等行人有机会驻足的地方，打造随手取阅的硬件条件。在图书馆内部，可以将经典读物放置在窗边或休息区的沙发旁等伸手可及的地方；或者在自习室书桌上放置经典书籍的精彩片段或图片等宣传材料；甚至可以在借还书服务台旁放置经典图书，引起读者关注，给读者提供借阅图书的参考。此外，还可以设立经典阅读空间以开展经典阅读俱乐部活动等,给读者提供一个古香古色、静谧优雅、光线充足的交流和分享经典阅读的空间,提升经典阅读的空间氛围。

(2)专注降低信息噪点的影响

网络阅读容易受到各种链接、图片、视频、弹出窗口等信息噪点干扰,严重影响阅读情绪、打断阅读进程、降低阅读体验。因此,经典阅读推广应该注重降低虚拟情境中的噪点,尽量避免引发注意力转移的因素。读者在数字阅读场景中的美学体验也非常重要,包括页面结构、颜色搭配、字体大小、翻页模式等细枝末节的地方,都会直接影响到读者做出是否继续阅读的决定。为了提高数字阅读的舒适度,公共图书馆还应该提供适配不同阅读载体的页面,例如网页版、移动端版、小程序版等,而且还要考虑到视障读者的需求,不仅仅局限于视觉阅读。杂志《经济学人》的在线文章《从纸草到像素:数字转型才刚刚开始》的总体设计思路是非常值得借鉴的,页面设计简约、按钮便捷、功能齐备,给读者提供了网页格式、仿书格式和音频格式三种阅读方式的选择,满足了读者的个性化阅读需求。公共图书馆在提供阅读搜索路径时,要尽量简化搜索流程,让读者在不管哪一层页面都能进行检索,而且从搜索到内容的链接控制在三步以内,保护读者阅读经典的耐心,延续读者的阅读兴趣。

### 4. 培育受益终身的阅读习惯

经典阅读的推广不应该限于只是偶然开展的、对几个经典作品的推广,公共图书馆要推广的是阅读经典的习惯、态度和能力。随着数字化阅读的流行和良莠不齐的互联网信息蜂拥而来,一些阅读者在不知不觉中养成了不求甚解、囫囵吞枣、功利性强的阅读思维,经典阅读习惯的推广可以让阅读者找回初心，重新建立起思考能力和人文价值观。

（1）举办创意活动促进习惯养成

习惯是通过重复的刺激而形成的一种习得行为。对于经典阅读推广而言，将游戏化思维代入阅读习惯培养过程中是近年来公共图书馆的创新之举。游戏具有让人全情专注的魅力，若善加利用可以增加活动的乐趣和黏性，进而激发读者的好胜心、投入感和参与度。比如，公共图书馆可以引入经典阅读 VIP 制度，按照不同的级别设置读者的义务和权限，并以阅读水平、阅读数量和阅读分享等作为升级标准，相信给读者带去的是充满惊喜、挑战和收获的经典阅读体验。好的体验是习惯养成的开始，一旦养成了阅读经典的习惯，阅读经典就会变成一种自然而然的行为。

（2）让经典阅读成为时尚

经典阅读推广不应局限在图书馆领域或某一固定的区域之内，而应该从全局出发，营造全社会共建共享的书香阅读大环境。倡导尊重经典、摒弃功利的阅读理念，不断提升读者对经典阅读的兴趣和认知，是公共图书馆开展经典阅读推广的重要任务。除此之外，公共图书馆更要方便读者获取经典，尽力推动经典图书的全时、全域覆盖，就像"在布宜诺斯艾利斯不需要寻找书籍，因为书籍在这里无处不在"这句口号所表达的那样，经典阅读应该是在案头手边，是无处不在的。这是一个行动目标，更是一个生活时尚。为了实现这一目标，公共图书馆应该充分利用、联动整合其他文化机构、社会团体、学校等相关方面的资源和力量，共同参与到经典阅读、书香社会的建设中去，最终达成以经典思维影响我们生活的方方面面的理想境界。

# 第三章
# 建设传统文化文献资源赓续中华文脉

中华民族在数千年的岁月里创造出浩如烟海的典籍文献,这些经典文献记录了历史上各个朝代在思想价值、文学艺术、科学技术等领域所取得的成就。它们蕴含着中华民族珍贵而丰富的历史记忆、知识体系和思想智慧,承载着中华民族代代相传的精神追求、精神特质和精神血脉,是中华民族的生存之本和进步之梯。公共图书馆作为文化的积淀场所,收藏了大量凝聚先人智慧的中华优秀传统文化类文献,这些珍贵的文献成为公共图书馆发挥其传承与弘扬中华优秀传统文化功能的物质保障。因此,保护、整理、挖掘、传播中华优秀传统文化类文献,让中华优秀传统文化在新时代熠熠生辉,公共图书馆使命使然。

## 一、公共图书馆文献资源建设

文献是重要的信息资源,具有克服时间和空间障碍、记录、储存和传递人类已有知识与经验、推动人类知识增长和科技进步的能力。文献中的知识和信息内容可以供无数人同时、先后或异地反复使用,同时通过复制、复印、转录和缩微等手段,可以保持其原始内容。因此,合理有效地开发文献资源,可以为人类社会带来巨大的社会和经济效益。

### (一) 文献

#### 1. 文献的概念及其历史演变

《信息与文献 术语》（GB/T4894-2009）对文献给出的定义:记录有知识的一切载体。这是一个广义的文献定义,即凡用文字、图形、符号、声频、视频等技术手段记录人类知识的一切载体都称为文献,或理解为固化在一定物质载体上的知识;也可以理解为,古今一切社会史料的总称。而狭义的文献定义通常理解为图书、期刊等各种出版物的总和。

"文献"一词最早见于《论语·八佾》中孔子关于"礼"的一段谈话。孔子认为,夏礼和殷礼,只有一些口耳相传的零星资料流传于世。夏、殷的后裔杞国和宋,关于其祖先的文字记载又很缺乏。而有关周礼的文字记载相当丰富,所谓"郁郁乎文哉",他崇尚周礼,即"吾从周"。孔子原话是:"夏礼,吾能言之,杞不足徵也;殷礼,吾能言之,宋不足徵也。文献不足故也。足,吾则能徵之矣。"

对这段话中的"文献",宋代朱熹解释道:"文,典籍也;献,贤也。"典籍，即有关国家典章制度的书册和文籍。贤，指通古博今、熟知掌故、见多识广的人。元代马端临作《文献通考》，第一次用"文献"两字作为书名，并在自序中对"文"和"献"做了解释，界定了"文"是对古代经史资料的引用，"献"是重臣宿儒关于政事学术的言论。

两人的解释虽有一些差别，但不乏共同之处：一是"文献"在古代曾是含义不同的两个词，二是大致分别指前人传下来的文字记载和口耳相传的资料。可见古人治学，一靠书册的文字记载，二靠人们的口耳相传。"文""献"两者相辅相成、不可或缺。

口耳相传的资料毕竟不很可靠，它的研究价值随时间推移逐渐减小。元代杨维桢《送僧归日本》诗有"我欲东夷访文献。归来中土校全经"两句。我们从中可以看出，"文献"两字似已专指书籍资料。到明代《文献大成》（又名《永乐大典》）和《新安文献志》及清代《文献徵存录》等著作出现，人们显然已经剔除口耳相传资料的成分，而仅指文字记载了。至此，"文献"从意义并列的两个词，演变为一个单义双音词。它摒弃了"贤"的含义，外延比原先有所缩小。它可以指称我国古代流行的那些实物载体资料，如龟甲、金石、简策、帛书等，也可指称东汉以来出现的纸型文献记载，如图书、报刊等。

到了现代，科学技术迅速发展，新知识不断产生，记录人类认知信息的新载体也不断被研制出来，而且更新很快，普及迅速，如唱片、胶片、胶卷、磁带、软盘、光盘、数据库等。至此，人们已有扩大文献含义的必要，以便泛指人类有史以来可考的一切认知信息载体。很快，拓宽了的文献概念得到国际国内图书情报界的承认。

文献概念的演变及其现代含义的形成，完全是社会发展和人类文明的结果。马克思曾说，人是社会关系的总和。社会关系则必须由认知信息的传递来维系。在解决认知信息传递手段的过程中，人类首先创造了口头语言，进而又努力数千年，创造出今天称为文献的这一工具。

2. 文献的类型

文献的类型按编写或出版形式划分，可分为图书、连续出版物、会议文献、科技报告、标准文献、产品样本、专利文献、学位论文、文书、档案等。

按载体划分，文献可分为泥板文献、纸草文献、甲骨文献、金文文献、石刻文献、简牍文献、纸质文献、音像文献、机读文献等。

按照内容和加工深度划分，文献可分为零次文献、一次文献、二次文献、三次文献和高次文献。

按照载体类型划分，文献可分为纸介型文献、缩微型文献、声像型文献和电子型文献。

3. 文献的作用

文献在科学和社会发展中扮演着重要的角色，其具体表现如下：

（1）文献是科学研究和技术创新成果的最终呈现形式。

（2）文献能穿越空间与时间，是传播情报的最佳手段。

（3）文献是确认研究人员在某项发现或发明中拥有优先权的基础手段。

（4）文献是评估研究人员创造性劳动效益的重要标志。

（5）文献是研究人员展示自己在科学领域地位并确认自我价值的工具，因此是推动研究人员进行研究活动的重要激励因素。

（6）文献是人类知识宝库的重要组成部分，是属于人类的共同财富。

## （二）文献资源建设

参照《图书馆·情报与文献学名词》，文献资源建设的定义是："根据信息服务机构的任务与对象以及整个社会的文献信息需求，系统地规划、选择、收集、组织管理文献资源，建立具有特定功能的、可以利用的文献资源体系的过程及活动。"时下的"文献资源"主要指图书、期刊、数据库等。

### 1. 文献资源建设发展历程

自20世纪70年代以来，我国公共图书馆一直在不断改变其从事信息资源建设工作的名称，从藏书建设、文献资源建设到现在的信息资源建设，名称的变化与信息技术的发展密不可分。它代表了图书馆文献资源建设的"昨天"和"今天"。

第一阶段，20世纪70年代以前。在这个阶段，公共图书馆通常按照文献的处理流程来划分部室，组建了采编、流通、典藏、信息咨询等部门。当时，还没有出现"文献资源建设"这个名词，而是称之为"馆藏建设"或者"藏书建设"。在指导思想方面，重视文献资源收藏，追求"小而全面"或者"大而全面"；在藏书体系方面，注重单独馆藏布局，追求完善自身的藏书体系；在馆藏资源类型方面，主要以纸质书刊为主，同时也会采集一些非书籍类的资料。

第二阶段，20世纪80年代至21世纪初。从20世纪80年代开始，公共图书馆逐渐认识到统筹建设文献资源的和共享资源的重要性。同时，电子资源开始被纳入文献资源建设的范围。进入20世纪90年代，计算机技术的迅猛发展和大量电子文献的出现，使得图书馆的文献资源建设从单纯的纸质文献向纸质文献与电子信息资源并重的方向拓展，计算机网络服务也得到不断深化，以满足读者的需求。

在这个时期，我国公共图书馆文献资源体系得到了广泛而深入的完善和充实。

第三阶段，21世纪初至今。随着信息技术和智能技术的快速发展，公共图书馆文献资源建设发生了翻天覆地的变化。图书馆经历了从传统图书馆→电子图书馆→虚拟图书馆→数字图书馆→智慧图书馆的演变过程，馆藏载体、采编方式、管理观念、管理模式等都发生了深刻变化。图书馆文献资源建设的内容更加广泛，涵盖了传统纸质文献资源、电子文献信息资源和网络虚拟信息资源。文献信息资源的建设除了一贯的搜集之外，更加注重信息资源的组织和整合。各级各类图书馆都致力于特色资源的数字化建设，同时也积极搜集、整合网络信息资源，特别是重点发展网络专题文献资源和数据库资源。

**2. 文献资源建设的原则**

图书馆文献资源建设既要符合一般规律，也要具有本馆个性和特色。各级各类公共图书馆在资源建设方面的独特性和特点，是图书馆资源建设"共建共享"的基础，同时也是各个图书馆紧密结合读者需求的重要前提。

（1）科学系统原则

我国历史悠久，文化底蕴深厚，前人留下的书籍资料为我们知古鉴今提供了无限渠道。公共图书馆最为重要的使命之一是收藏历史文献。文献资源的建设对于文化成果的留存和优秀文化的传承具有直接影响，其重要性毋庸置疑。公共图书馆的文献资源建设需要进行系统规划、科学配置、深入挖掘以及合理利用，应充分采用现代化的技术手段，传递文献资源的当代价值。公共图书馆是承载历史和文化的重要机构，应该肩负起传承中华优秀传统文化的责任，让后人能够了解、领悟并欣赏到这些宝贵的文化遗产。

（2）合理分级原则

公共图书馆应该明确自身的职责定位，基于价值、稀缺度等因素建立图书分级保存系统，并根据书籍的价值和珍稀程度等特点，对书籍进行分级保存，以便实行更完善的管理。对那些有历史价值或只此一件的孤本、善本要专人专柜保存，日常不随意对外界开放，妥善保存；对受读者欢迎或具有学术价值的图书分类上架，供用户借阅；为方便读者检索阅读，要将特色馆藏转化成数字资源作为虚拟馆藏加以保管；应放眼世界，大力引进其他国家的畅销书籍、知名作家作品和经典名著，促进中西方文化的交流；文献资源构成要兼顾高端严肃与轻松、幽默，构建适合不同读者需求的馆藏资源。

（3）价值最大化原则

文献资源形式和载体各异，读者的需求也不尽相同。如何协调好用户需求和文献资源的关系，确保文献资源内容和形式最大程度地满足用户需求，是公共图书馆文献资源建设应优先考虑的问题。要合理规划书籍的内容和数量，要充分考虑文献资源的展现形式，努力延长文献资源的使用寿命，用最小的成本创造最大的价值。

（4）共享共建原则

公共图书馆是国家文化服务机构，旨在通过与读者共享图书、数字库等文献资源传播知识文化等信息，推动社会和科学的发展。数字时代，数字资源大多以大型数据库的形式存在，是图书馆资源建设的主要内容，数字资源共享传统图书馆共享机制的延续与发展。例如国家图书馆启动了文献共享借阅计划，目前已与甘肃、西藏、吉林、黑龙江、湖北、江西等六家公共图书馆建立了共享借阅合作。在共享性原则的指导下，不仅需要考虑如何有效利用其他机构的资源，还要思考如何向他人提供资源共享服务，这样才能在共享理念下建设文献资源，促进本馆和公共图书馆事业的发展。

**3. 文献资源建设创新发展**

如今，大数据技术对于图书馆资源的选择、服务、组织和评价等方面表现出日益重要的价值。因此，公共图书馆需要科学、有效地管理、采集和存储数据，通过数据分析提炼出有价值的信息，为管理层提供快速有效的决策支持。

（1）培养大数据思维

在《大数据时代》一书中，舍恩伯格讨论了关于大数据引起的三个思维变革，一是不再使用随机样本，而是采用全体数据；二是不再关注因果关系，而是关注相关关系；三是相对于精确性，混杂性变得更为重要，特别是在处理大数据时，简单算法比小数据复杂算法更为有效。对于公共图书馆而言，大数据思维强调的是对读者行为的关注、一切以读者需求为中心、按照读者需求配置图书馆资源和服务的理念。同时，呼吁公共图书馆高度重视相关数据的存储、分析、利用和管理，包括科研机构等领域的数据，避免仅凭表面印象做出决策的思维方式和方法，转而采用更加科学和有效的决策方法。

（2）推进文献精准推送

Altmetrics 是由"alternative"和"metrics"组合在一起构成的单词，暂时被翻译成"选择性计量学"。它是继学术期刊影响因子以来，计量化综合评价单篇学术论文的新方法，引起了研究人员与出版界的关注。目前，网络上已经出现多种类似工具，如 Altmetric.com、

Impact Story、Plum Analytics 等。开放获取资源是图书馆馆藏资源中的重要组成部分,受到越来越多人的关注。然而,图书馆在收集开放获取资源时通常缺乏可参考的依据,Altmetrics 在一定程度上为我们提供了标准。例如,天津大学图书馆利用 Altmetric.com 等工具进行条件设置,每三个月为化工学院相关课题组提供学科影响力排名前十的论文,受到广泛欢迎。

(3)助力提高图书采选质量

中文书籍,特别是人文社科类书籍,是我国公共图书馆馆藏的核心组成部分。然而,由于图书馆在采购中文图书时,往往存在一定的偏好,导致中文书籍的采选质量不高且难以提高,甚至某些领域的图书采集不足,造成严重的缺藏现象,成为严重影响借阅量的一个重要原因。目前,常见的图书馆图书自动化管理系统普遍存在收集借阅反馈不足的问题,更很少提供全面的图书采选辅助决策功能。为了解决这一问题,建议在图书管理系统里嵌入一个借阅信息反馈模块,以为中文图书采选提供参考。该模块所提供的数据可以包括作者的简历、教育背景、学术背景、学科影响力等情况以及该作者所著其他书籍的借阅数据等。据统计,作者关联功能成功地为某公共图书馆中文图书采选提供了辅助决策参考,利用该辅助决策模块采选的图书零借阅率下降了 30%。

## 二、公共图书馆中华优秀传统文化文献资源建设

中华优秀传统文化内涵博大精深,承载形式多种多样,包括文献、书法、绘画、音乐、舞蹈、服饰、饮食、医药、建筑等。在众多的

承载形式中，文献可能是承载信息量最大的一种。为此，公共图书馆要加强中华优秀传统文化文献资源的建设，为传承和弘扬中华优秀传统文化奠定坚实的物质基础。

### （一）中华优秀传统文化文献资源建设现状

为了保护中华民族珍贵的古籍典籍，无数有识之士出于对中华文化的赤诚之心，不惜耗费智慧、财力甚至生命，才将这些珍贵的文化遗产代代相传至今。据初步统计，目前仅我国2000余家公藏机构收藏的汉文古籍文献（含民国线装书）就有约20万个品种，超过5000万册件，其中大部分收藏在图书馆中。凭借这些典籍资源，图书馆成为"传承文明、服务社会"的重要阵地，被赋予了传承和弘扬中华优秀传统文化的法定职责。

全国公共图书馆长期以来一直致力于搜集、整理和保护典籍文献，并在中华优秀传统文化的保护、挖掘、阐释、展示、推广和传播利用方面扮演了积极的角色。例如，在文化和旅游部的指导下，国家图书馆与全国各级各类公共图书馆联合实施了多项国家级典籍保护工程，以"中华古籍保护计划"和"革命文献和民国时期文献保护计划"最具代表性。这些工程的深入实施，使得全国90%以上的存世古籍完成了登记造册，并且超过385万页破损的古籍得到了精心修复。此外，国家图书馆的"中华古籍资源库"与全国39家古籍收藏单位联合发布了10万部(件)古籍数字资源，共计3000余万页。这些数字资源可以免登录阅览，为读者提供了与古籍珍宝零距离接触的机会。除此之外，还完成了对民国时期报纸、期刊和图书等30余万条数据的普查登记工作。这些数据的普查登记工作包括了民国时期图书、期刊和报纸的基本信息，包括作者、出版时间、出版地点、内容简介等，旨在为读者提供更全面、更准确、更权威的资料参考。同时，国家图书馆还提供了5万种民国时期图书数字全文阅览服务，让读者可以便捷地阅读和研究民国时期的历史文化资料。这些数字化服务的推出，极大地方便了读者获取和利用古籍文献，促进了中华优秀传统文化的传承和发展。

公共图书馆不仅注重典籍资源的保存和保护，还致力于对这些典籍进行整理、研究和系统阐释。为了让更多的人了解、亲近和领略典籍之美，公共图书馆推出了一系列编辑出版项目，包括《中华传统文化百部经典》《中华珍贵典籍史话丛书》等。这些出版物通俗易懂，采用群众喜闻乐见的方式，深入挖掘和系统阐释了珍贵典籍的内容，为人们提供了全新的优质文化产品。除了出版项目外，一些公共图书馆还建设了典籍博物馆和国学馆，将珍贵的典籍文物进行陈列展示，通过丰富的展览和教育活动，向公众展示中华优秀传统文化的博大精深和深远影响。这些典籍博物馆和国学馆不仅是对文化遗产的保护和传承，也是公共图书馆服务文化教育的又一重要举措。

为了更好地解决珍贵典籍"藏"与"用"的矛盾，同时也是为了更好地迎合数字化阅读的比重逐年攀升的趋势，让更多人共享丰富的典籍资源，数字化的力量当仁不让。例如，2023年初，云南省图书馆在古籍数字资源联合发布会上推出了63部381册史部善本，共计50604张图像，其中包括《云南通志》《普洱府志》《陆凉州志》《宜良县志》《澂江府志》等地方志，《鸡足山志》《云南温泉志》《六河图说》《盘龙江水利图说》等山水志以及《御纂医宗》《洞主仙师白喉忌表抉微》等医学文献。这些文献不仅是云南省图书馆馆藏古籍中的特色瑰宝,更是研究云南历史必不可少的宝贵资料。通过数字化的方式,这些具有浓郁地方特色的古籍能够得到更加广泛的传播,为社会大众和科研人员了解和利用。

### (二)中华优秀传统文化文献资源建设原则

#### 1. "两优先":基础藏书优先,地方文献优先

公共图书馆应当把基础藏书设置为文献资源建设的优先级,在资金分配时予以重视和倾斜。在传承和弘扬中华优秀传统文化的职能背景下,还应当关注基础藏书的经典性。所谓经典性,主要是指那些适合普通群众阅读的经典图书,如文化、文学、少儿读物和科普图书等。这些经典作品是传承和弘扬传统文化的重要载体,具有重要的文化、历史和思想价值。公共图书馆应该合理规划传统文化文献资源建设,查缺补漏传统文化典籍与相关文献资源,并将传统文化中的哲学思想、人文精神、教化思想、道德理念等各类文化典籍的代表性著作收集、整理、汇聚、集中展示利用,更好地履行公共图书馆的文化传承职能。

地方文献是记录某一地方知识与信息的文献,涉及本地的历史、地理、政治、经济、军事、文化、风俗、物产、人物、名胜古迹等。它既是人们了解与研究地方状况的重要文献,也是促进地方经济社会发展的重要资源,在公共图书馆的集藏过程中价值和意义重大。鉴于地方文献在国家文献保障体系中占据着至关重要的地位,但获取难度也最大,因此地方文献保障体系的建设一直在全国范围内被大力倡导。公共图书馆要将地方文献信息资源建设放到优先位置,传承、弘扬优秀地域文化。尤其是在"文旅融合"契机下,公共图书馆要将特色地域文化,如风土、典故、特色物产、特色美食等相

关文献收集起来，积极探索传统地域文化的创造性转化和创新性传播，尽力去丰富地方传统文化的内涵，打破其传播的地域界限，增加其受众的数量。

### 2."两并重"：注重实体资源，注重补充数字资源

公共图书馆在传统文化文献资源的建设过程中，应遵循"两并重"原则，即实体资源和数字资源并重，实体馆藏和虚拟馆藏并重。尤其是对于基层公共图书馆来说，更应该重视传统地域文化的实体资源和数字资源的采集、整理和保存。

公共图书馆作为文化传承的载体，需要注重纸质传统文化文献的建设，以满足读者对传统文化经典的阅读需求。为此，可以采取以下措施：首先，公共图书馆应该重视传统文化经典纸质文献的保存和收集。通过购买、捐赠等方式扩充馆藏，并对馆藏的传统文献进行整理、修缮、保护，确保这些珍贵文献能够被后人传承；其次，公共图书馆应该打造传统文化阅读空间，将传统经典文献集中展示。通过布置传统文化装饰、播放传统音乐等方式，让读者在其中感受传统文化的魅力；最后，公共图书馆可以开展围绕以经典纸质文献为特色的阅读推广活动，营造传统文化阅读氛围，激发读者阅读传统文化经典的兴趣，让读者在潜移默化中受到传统文化的熏陶。

数字资源建设有助于以数字化的形式方便读者对文献的使用，并最大限度地拓展其传播范围，是公共图书馆创新性传承和弘扬中华优秀传统文化的着力点之一，受到了业界的普遍重视。例如，为明确数字资源建设方向与服务目标，自2003年起国家图书馆开始制订了数字资源建设相关策略和规划，以推动数字资源建设有序、科学、高效的发展。在2017年国家图书馆的"十三五"和2021年的"十四五"

规划纲要中，分别定下了数字资源总量达到 1800TB 和 2700TB 的明确目标。同时，规划还指出要推进数字资源的建设，特别是要重视馆藏特色数字资源的建设。在加快数字资源建设方面，公共图书馆可以从馆藏资源数字化、数据库购买、自建数据库、数据资源合作共享等多角度联合发力，强化传统文化数字资源的建设力度，丰富馆藏传统文化数字资源内容与种类；对平台建设而言，利用好现代传媒手段推广传统文化，与读者兴趣相结合，为读者提供更加垂直、精准的服务，真正实现传播传统文化的使命。

### （三）中华优秀传统文化文献资源建设路径探析

#### 1. 科学编制经典阅读书目

推荐书目，也被称为"选读书目"或"导读书目"，是指为指导治学读书或普及文化选择的适合特定读者群体而编制的书目目录。简单来说，推荐书目是以书单的形式向特定的读者群体推荐阅读材料，为阅读者指引阅读方向，起到阅读指南的作用。

（1）编制经典阅读推荐书目的意义

经典文献的建设对于传承中华民族优秀传统文化至关重要：①中华经典的数量庞大，面对繁杂的文献，读者必须有所选择。②中华经典常常晦涩难懂，正如朱自清先生在编撰《经典常谈》一书时所言："我国经典未经整理，读起来特别难，一般人往往望而生畏，结果是敬而远之。"③中华经典需要去除杂乱，保留菁华，要紧密契合时代发展。基于上述原因，编制经典阅读推荐书目成为推进经典阅读活动深入开展的关键先决条件。

（2）经典阅读推荐书目的发展历程

目前，学术界对传统经典推荐书目的研究主要聚焦于 20 世纪，特别是针对20世纪20年代的"国学书目"之争展开的研究。那个时候出现了中西文化的冲突和交融，被视为导读书目发展的内在动力，最为引人注目的是胡适和梁漱溟为清华学生编写的两种国学书目。此外，1925年《京报副刊》发出了"青年必读书十部"与"青年爱读书十部"的征求启示，70余位名流学者、300多位青年应征答卷，并陆续在《京报副刊》上刊出。其他对后世影响较为深远的国学经典书目还包括朱自清的《经典常谈》、钱穆的《文史书目举要》等。关于纵贯式研究，《名著的选择》对20世纪中外经典推荐书目进行了统计分析，列出了中外不同书目中排名前列的作品；而《中外推荐书目一百种》则收录了43种中国现当代名家导读书目，其中大多属于传统经典推荐书目。

随着"传统文化热"和"国学热"的兴起，中国传统经典推荐书目在21世纪得到了迅速发展，数量增多，种类繁多，传播方式也发生了根本性变化，对于全民阅读和文化传承起到了重要作用。然而，目前情况表明，中国传统经典推荐书目的编制过程缺乏规范，缺乏为不同读者群体提供个性化推荐和定制的能力，导致书目的质量良莠不齐。学者们普遍认识到，传统经典推荐书目的编制与推荐者的人文素养密切相关，不同机构或个人编制的推荐书目不可避免地反映了个人独特的思想观点，这恰恰更加体现了推荐书目的难能可贵。因此，过分追求书目内容的统一性，或者刻意分出高下是不可取的，这反而会削弱推荐书目的思想深度。

（3）公共图书馆编制经典阅读推荐书目的注意事项

从推广中国传统经典阅读的视角，公共图书馆等相关机构应该承担起筛选出真正适合读者的、高质量的推荐书目的责任。为了达成这个目标，需要注意以下几个方面：

第一，公共图书馆需要加强对推荐书目的基础研究。学者和专家进行推荐书目是一个主观的过程，存在一定的局限性。这种方法缺乏对读者阅读能力和需求的全面了解，同时他们也难以开展大规模的阅读行为和习惯调查。相对而言，公共图书馆一直以来都与读者"面对面"，更精准地对接读者的个性化需求，因此对读者的阅读行为有着深刻的了解。公共图书馆可以充分利用其长期积累的读者研究数据资源，对传统经典阅读需求进行分级化、分类化分析，增强推荐书目的针对性。

第二，公共图书馆应该完善传统经典推荐书目数据库建设。虽然通过网络搜索，读者可以轻松获取大量经典推荐书目资源，但经验丰富的读者也会发现，网络信息繁杂不一，很多资源没有明确的来源标注，甚至有些平台会使用误导性词汇，让读者难以辨别书目的好坏。相比之下，公共图书馆在这方面具有专业优势。因此，致力于推广经典阅读的公共图书馆可以利用其职业优势，收集各种推荐书目资源，明确其来源，并编写简要的书目说明，打造中国传统经典推荐书目数据库，以帮助读者筛选出最适合他们的书籍。

第三，公共图书馆可以以推荐书目数据库为基础，运用大数据分析技术，对推荐书目的内容和特点进行综合分析。虽然经典推荐书目并没有确定的标准，但是总有一些著作能够跨越语言、文化和时代变迁，成为永远值得阅读的经典。每个时期的经典推荐书目都体现了当时人们对典籍的认知标准，通过广泛收集各种经典推荐书目，结合大数据分析技术，公共图书馆可以确定哪些作品才是"经久不衰的经典"。同时，通过掌握经典推荐书目的历史变迁，我们可以更深入地分析民族文化的发展脉络，进一步加深对传统文化的认识。

**2. 加强利用古籍文献必备的工具书资源建设**

2022年，中办、国办印发了《关于推进新时代古籍工作的意见》，古籍再度被大众广泛关注。古籍是学习和研究中国传统文化的重要途径。要想在浩如烟海的古籍文献之中，迅速查找到所需要的文献典籍，查检各种古籍文献检索工具书，是必经的途径。公共图书馆要常备、必备古籍检索工具书，要着重收集和采访。

古籍有广义、狭义之分。广义的古籍，指辛亥革命以前的人所撰写的著作以及后人经过整理而形成的各种新型本子，如节本、汇编本、丛书本、释本、校释本、辑佚本、点校本、选注本、今译本、影印本等；狭义的古籍，则仅指1911年辛亥革命以前出版的具有古典装订形式的图书。狭义的古籍数量，现存的估计有10万余种，每种古籍又有多少不等的各种版本。现将记载现存古籍的有关书目简要介绍如下：

（1）《四库全书总目》

《四库全书总目》简称"《四库总目》"或"《四库提要》"，成书于清乾隆年间，共200卷，是我国古代最大的一部官修书目，是中国古典目录学方法的集大成者。该书目著录图书3461种、79309卷以及未收入《四库全书》的著作6793种、93551卷，基本囊括了清乾隆以前我国重要的主要古籍。全书按经、史、子、集四部编排，部下又分为44类，类下分为66属，每部有大序，每类有小序。大、小序概括部、类的内容，指明源流。每书均有提要，著录作者简历、成书经过、主要内容、著述体例，品评得失。《四库全书总目》对我国古籍进行了较为系统完整的著录和评价，在今天仍具有重要的参考价值。由于该书目卷帙繁多，翻检不易，故同时又编有《四库全书简明目录》20卷，分量仅为《总目》的1/10，是《总目》的简本。它删除了存目部分，同时还删节了提要内容，简明扼要，更便于人们掌握利用。

（2）《贩书偶记》和《贩书偶记续编》

《贩书偶记》由孙殿起编，初版于1935年，现通行有上海古籍出版社1982年增订本。该书主要收录编者认为有价值的清代著作以及1911年到1935年间关于古代文化的著作，并包含了极少量的明代著作。其编撰原则有二：一是凡见于《四库全书总目》者概不收录；二是只收录单行本，而不收录丛书本。在《贩书偶记》刊行之后，孙氏又积累资料6000余条，生前未及出版，后由雷梦水整理汇编而成《贩书偶记续编》，由上海古籍出版社于1980年出版。其编撰原则与《贩书偶记》完全一致。《贩书偶记》及其《续编》是清代以来的古籍著述总目，其作用堪比《四库全书总目》的续编。又由于它只收单行本，所以和《中国丛书综录》互相弥补，配合使用。

（3）《中国丛书综录》

《中国丛书综录》经上海图书馆编纂，由中华书局于1959年至1962年出版，并于1982年重印，该书是一部用于检索古代丛书及其子目的较为全面的工具书。该书既是丛书目录，也具有联合目录性质。它收录了我国41个主要图书馆收藏的历代丛书2799种，古籍38891种，远远超过历史上任何一部丛书目录，基本上反映了我国历代出版的丛书全貌，是一部集大成之作。全书共分3册，第一部是"总目分类目录"，也就是"丛书总目"，以丛书名称为主；第二部是"子目分类目录"，以各书为单位，按经、史、子、集四部分类；第三部是为查检第二部而编，包括"子目书名索引"和"子目著者索引"，按四角号码检字法顺序排列。这三部组成一个互相联系的统一体，使用时互相参用。

（4）《中国地方志联合目录》

《中国地方志联合目录》是由中国科学院北京天文台主编，中华书局于1985年出版的一部工具书。该书是以朱士嘉原编《中国地方志综录》为底本，在普查全国地方志的基础上补充修订而成。共著录全国190个图书馆、博物馆、文史馆、档案馆所藏的1949年以前编纂的各类地方志8200多种。全书按省、市、自治区顺序编排，每一种方志均著录书名、卷数、纂修者、版本、收藏单位和备注等项。书后附四角号码书名索引。这是目前国内收录方志数量最多、反映收藏单位最丰富的一部方志目录。

《四库全书总目》、《贩书偶记》及其《续编》、《中国丛书综录》和《中国地方志联合目录》四部书目，去除重复，共著录中国古籍6万多种，大致反映了现存古籍的面貌，是查检古籍的四部最重要的书目。但是，一种古籍往往有不止一种版本，同一种书的各种不同版本，又有优劣高下之分。所以，查阅古籍，不仅应该知道某书为何人所著，内容如何，而且还应该知道该书都有哪些版本，各种版本中又以何种为好甚至最好。这就需要查阅版本目录。版本目录，就是以著录图书的版本情况为主要内容的书目。

（5）《中国古籍善本书目》

《中国古籍善本书目》是目前最为流行的版本目录，本书编委会编，上海古籍出版社1986年起陆续出版。该书是在普查全国善本古籍的基础上编纂而成的一部大型善本书目。其对善本的划分标准是"三性",即凡具有历史文物性、学术资料性、艺术代表性三者之一而又流传稀少者,即可作为善本入录。为了能够更加明确地划分和准确地掌握,同时又规定了更加细致的九条标准。由此产生了作为现代划分古籍善本标准的所谓"三性""九条"。该书系统地收录了全国781家藏书机构(包括图书馆、博物馆、档案馆等)珍藏的中国历代古籍善本57500余种、10万余部。书籍分为经、史、子、集、丛五大部类,每本书籍均列有书名、卷数、作者、版本和所属藏书单位等详细信息。该目录是一部重要的工具书,具有较高的参考价值。

**3. 加强红色文献资源建设**

作为红色文化资源的重要保管机构,图书馆肩负着红色文化资源的保存、整理、传播和利用的重要使命,需要高度重视红色资源的建设和开发利用工作。

(1)加强资源建设顶层设计

公共图书馆是红色文化资源的重要保存机构,应该积极承担红色文化资源保存、整理、传播、利用的重要职责。为了更好地开发和利用红色资源,公共图书馆应该根据本馆发展策略和红色资源情况制定红色资源建设发展规划,该规划应该着重满足用户的重点需求。对于那些红色资源较少的图书馆,可以通过购买的数据库来弥补本馆红色资源的不足,或者与其他图书馆协作共建共享数据库。此外,可以通过专题板块的方式整合现有红色文化资源,并做好系统化分类和编排,以方便读者利用。例如,湖南省图书馆设立了"建党100周年"专题版块,将各种党建资源融合在一起,并通过新媒体平台向读者推送。在建设自建数据库时，公共图书馆需要进行充分的前期规划和调研，以确保建设的数据库能够满足读者的需求。首先，图书馆需要明确服务目标，确定需要建设的数据库类型和内容范围。其次，需要对已有的红色文献资源进行全面的梳理和分析，了解资源的特点和分布情况。同时，需要与其他机构进行沟通和协调，以避免重复劳动、浪费资源。通过自建数据库，图书馆可以帮助用户访问、获取、学习红色资源，提高红色文化资源的利用率和公共服务效能。在数据库建设完成后，图书馆还需要积极开展宣传推广，加强与读者之间的互动，使数据库真正成为提高文化服务能力和满足读者需求的有力工具。

（2）深化红色资源整理挖掘

丰富图书馆历史文献资源，加强对馆藏红色资源的保存、整理与挖掘，应该成为地方公共图书馆资源建设长期规划的重点任务。在具体实施过程中，公共图书馆需要开展广泛的调查研究，进行全面的搜集整理，全面、系统地对手稿、信札、电报文稿、军事地图等各类红色历史文化资源进行深度挖掘。同时，在协作共建共享原则基础上，公共图书馆还应该集中精力制定差异化战略，挖掘本地的红色历史文化资源的特色。红色资源的建设尤其要关注革命事迹、战斗战役等方面内容，可以借鉴江西省图书馆的"革命旧址系列"、陕西省图书馆的"陕甘宁边区红色记忆系列"、安徽省图书馆的"烽火江淮"等资源整合的成功经验，以便为读者提供丰富、多元化的本地红色文化资源。

### 4. 加强古籍文献资源开发利用

古籍蕴含着几千年来中华优秀传统文化的智慧成果，具有重要价值。当前图书馆界一直在思考如何以开发和利用，促进古籍文献资源的建设。

（1）打造古籍开发高地

古籍开发是广大古籍工作者通过各种技术手段，对古籍的内容进行多层次的加工呈现，以使之科学有序。他们会考虑读者的信息需求，并以多样化的产品形式向读者提供古籍内容。这是一个需要持之以恒、不断努力的工作。公共图书馆要加大对古籍版本真伪、内容价值、思想优劣的甄别，扎实做好优秀古籍的整理和出版工作，加大影印、点校、注释等开发力度，做到去伪存真、去粗取精、去劣取优，生产大批具有重要影响的原创性成果，打造古籍开发新高地。

（2）加强古籍推广

古籍推广是通过宣传、教育、文创、影视等各种手段把古籍中的学科内容、思想文化、精神内涵向社会大众或专业人士开展的传播和引领工作。公共图书馆在科学规范做好编目、分类、整理的同时，要在让相关图书目录公开上线的基础上，对其中的精品古籍通过报刊、网站、展览等进行宣传推介，便于公众更好地了解和利用。例如，公共图书馆可以利用"4·23读书节""传统晒书节""文化和自然遗产日"等时机，策划和组织古籍宣传展示活动，以增强宣传效果、扩大社会影响，进而让更多人了解和接触古籍，使其成为大众化的文化遗产。

（3）促进古籍利用

古籍利用是对古籍最好的保护，古籍的保护和利用是互联互动、共促共进的有机统一，既要在优质保护中促进高效利用，又要在高效利用中促进优质保护。推进古籍的利用，就要充分借助现代网络科技手段，让古籍的利用价值充分释放。当前，公共图书馆推进古籍利用的关键，就是要将超前意识融入工作中，更好借助数字化技术，努力构建具有辨识度的古籍利用高地，让古籍最大限度地服务人民、服务大众，向全国开放、让世界共享。

推进古籍大开发、大推广、大利用既是一项文化工程，也是一项推进传统文化传承的社会工程，要做好这项工程，公共图书馆还须牢牢把握以下三个方面：一是必须进一步加大人才的培养和引进力度，激发人才潜心古籍开发的动力、热心古籍推广的活力、用心加快古籍数字化建设的张力，提升古籍开发、推广和加强古籍数字化建设的人才数量和质量；二是必须进一步加大资金投入，为整体系统全面推进古籍大开发、大推广和古籍数字化建设提供坚实的资金保障；三是进一步加强组织领导，联合相关部门，包含宣传、文化、出版等部门，协同作战，共同发展。

## 三、公共图书馆中华优秀传统文化文献资源建设实践案例

### 1. 公共图书馆与"中华古籍保护计划"

2007年，我国启动了"中华古籍保护计划"，同时在国家图书馆成立了国家古籍保护中心。在接下来的十五年间，作为新中国历史上首个由国家主导开展的全国性古籍保护工程，"中华古籍保护计划"在古籍普查、修复保护、数字化、推广普及、整理研究、人才培养等多个领域取得了一系列重要成果。在这个计划中，各级各类公共图书馆扮演了重要的角色，积极参与并推动计划的全面实施，

工作开展得行之有效。

（1）古籍家底基本摸清

"中华古籍保护计划"的首要任务就是普查我国的古籍资源分布和保存状况。该计划于2007年正式启动，历经十五年的发展，已经基本完成了全国古籍资源的普查工作，共完成了270余万部、约3000万册件的古籍普查。这些普查成果通过《全国古籍普查登记目录》和"全国古籍普查登记基本数据库"向全社会发布，实现了全时、全领域的资源共享。除此之外，在普查过程中，还有一些受到了社会各界瞩目的珍贵典籍被陆续发现，例如，《永乐大典》"湖"字

▲ 辽宁省入选《国家珍贵古籍名录》古籍图录

册等。各级公共图书馆作为"中华古籍保护计划"的重要参与单位，在普查工作中也发挥了卓有成效的作用，为古籍保护工作的全面顺利实施做出了重要的贡献。

目前，全国各地古籍存藏单位的古籍保护情况得到了提升和改善。从中央到地方，从汉文古籍到少数民族文字古籍，都得到了关注和保护。国务院先后批准公布了六批《国家珍贵古籍名录》，共收录了13026部珍贵古籍。同时，20个省区建立了《省级珍贵古籍名录》，19个省区命名了"省级古籍重点保护单位"，这些都为古籍的保护提供了重要的法律支持和政策保障。在库房管理方面，2014年《图书馆古籍书库基本要求》国家标准发布，在国家标准的引导下，在以评促改的带动下，全国各级各类古籍收藏单位不同程度改善了库房条件。例如，广东省通过开展"广东省基层图书馆古籍库房和阅览空间提升计划"，使基层库房条件得到大幅提升。以上措施为珍贵古籍保护提供了全方位的支持和保障，保证了珍贵的历史文化遗产能够得到妥善保存和传承。

（2）古籍修复成果显著

"中华古籍保护计划"自实施以来在古籍修复领域取得了重大的进展，不断实现突破，为中华文化保护注入了新的活力。在该计划的推动下，我国建立了12家国家级古籍修复中心，它们充分发挥了辐射带动作用，出色完成了重点修复项目，修复总量超过385万页。古籍修复不仅是一项技术活动，更是一场非遗传习和科研探索的结合。通过修复，不仅可以保护古籍，还推动了我国古今保护进入到创新、传承、发展的良性循环。

随着全社会古籍保护意识的提高，古籍修复师逐渐走进大众视野。目前，我国古籍修复师的数量和专业素质得到了整体提升，其中超过一半的人才拥有硕士研究生学历。我国古籍保护已经形成了基地、高校、传习所"三位一体"的古籍保护人才培养模式。在全国范围内共设立了古籍保护人才培训基地和古籍修复技艺传习所，使更多的人加入到古籍修复这个行业中来。同时，古籍修复技艺竞赛和成果展示活动的开展，也有助于展示新生代古籍修复师的技艺水平，为古籍修复行业的发展带来更多的关注和支持。

（3）科技赋能古籍活化

保护古籍是一项专业性很强的工作，而科技创新正在成为古籍保护的新动力。首先，国家图书馆率先成立了"古籍保护科技文化和旅游部重点实验室"，致力于解决对古籍脱酸、去除氧化斑等问题。其次，古籍修复技术也取得了多项重大突破，一批自主研发专利技术实现了转化利用。再次，在多方协同下，完成了古籍修复硬件系统的开发研制，全国古籍修复的基础手段从根本上得到了改善，为开展古籍修复创造了更好的条件。最后，智能技术的加速迭代，为新时代古籍工作创造了更好的条件。总而言之，这些新技术的应用，将有效提高古籍保护工作的效率和质量，推动古籍保护事业的不断发展。

古籍既要保存好又要利用好，古籍数字化能够有效缓解古籍藏与用的矛盾，让更多的人随时随地访问数字资源，品读中华优秀传统典籍。以国家图书馆为例，依托宏富的藏书、藏品，国家古籍保护中心集中力量开展馆藏古籍善本的数字化项目，并与国内外古籍收藏机构合作共建，将大量珍贵古籍及特藏数字资源在"中华古籍资源库"发布。截至目前，已有超过10万部（件）古籍资源被数字化，并通过网络平台实现了对外开放。

凭借"中华古籍保护计划",公共图书馆积极投身古籍文献的整理出版和数字化进程,把凝结着中华优秀传统文化的典籍保护好、管理好、研究好、利用好,践行中华优秀传统文化的传承与创新的职责。

### 2. 公共图书馆红色文献资源建设实践案例

在中国共产党的百年历史进程中,产生了大量珍贵的红色文献,将其进行数字化建设是保存和利用的重要途径。红色文献数字化有利于保存、利用和传播,受到国内公共图书馆的普遍重视,本书以国家图书馆出版社"红色文献数据库"和上海图书馆"革命(红色)文献服务平台"为例,进行简单介绍。

(1)国家图书馆出版社"红色文献数据库"实践

"红色文献数据库"是隶属"中国历史文献总库"的子专题库,由国家图书馆出版社开发完成。该数据库主要以国家图书馆的馆藏为主要来源,同时也整合了海内外收藏的新中国成立前的红色文献,并进行系统发布。该数据库分为报纸、期刊和图书三大板块。报纸板块收录了50多种红色报纸,既包括《新华日报》《解放日报》等

▲ 国家图书馆出版社红色文献数据库登录入口

知名报纸,也包括解放区、根据地出版的稀有报纸,史料价值极高。期刊板块收录了近100种红色期刊,既包括《共产党人》《北方红旗》等刊物,也包括国统区出版的进步刊物,反映了从中国共产党创建到新中国成立的全过程;图书板块收录了6300多种红色图书,包括早期马克思主义著述的经典译本、毛泽东《论持久战》的各种版本等。通过"红色文献数据库",读者可以更加深入地了解中国革命历史,同时也为学术研究提供了极其珍贵的资源。

（2）上海图书馆"革命（红色）文献服务平台"实践

上海图书馆是全国少数几个设有革命历史文献专藏的公共图书馆。其馆藏各类革命历史文献原件近万种、1.5万余册（件）,其中部分属海内孤本。这些文献涵盖了中国革命的各个阶段,由于种种原因,传世稀少。为了利用好这些红色资源,上海图书馆启动了革命文献数字化整理项目,并经过近20年的整理完善,效果明显。2021年,上海图书馆首次发行了《上海图书馆藏革命文献总目·书目编》和《上海图书馆藏革命文献总目·图录编》,前者收录了革命文物近9000种,后者选取近500种文献做成图录,为党史学习和研究提供重要资料。同时,上海图书馆建成了"革命（红色）文献服务平台",目前已开放馆藏红色文献相关书目8000余种。此外,上海市图书馆还通过文献党课、红色旅游、开放元数据等多种方式向全社会开放、共享馆藏红色文献资源,使这笔宝贵精神财富在新时代彰显更大价值、发挥更大作用。

（3）辽宁省图书馆特色红色文献资源建设实践

辽宁红色文化背景深厚,红色资源丰富,如中共满洲省委、东北抗联、辽沈战役等,相应地也产生了丰富的红色文献。这些红色

▲ 辽宁省图书馆《辽宁省图书馆藏抗战文献汇编》

文献是珍贵的革命历史资料，是开发利用红色资源的根基，是红色文化传播的重要渠道。对于辽宁省图书馆而言，做好相关红色文献的收集、整合、研究、开发和利用工作意义重大，责无旁贷。辽宁省图书馆的红色文献资源建设工作主要围绕以下六方面展开：

第一，红色文献收藏与征集。辽宁省图书馆收藏民国时期文献3万余种，其中包括大量抗战时期的珍贵红色文献，如东北抗联将领冯仲云所著的《东北抗日联军十四年苦斗简史》。同时，为了加大对红色文献的征集力度，突出收藏特色，辽宁省图书馆通过报纸、网络发布相关征集信息，不断扩大文献征集的内容和载体形式，开展了以东北抗联为主题的红色文献征集工作。从内容上看，征集与东北抗联有关、能够反映抗联史实及当时东北地区政治、经济、文化、科技、教育、体育、卫生、宗教等各方面社会情况的文献资料；从载体上看，征集包括图书、报刊、档案、访问录、手稿、日记、信件、照片、影音以及相关实物等。

第二，编制红色文献专题二、三次文献。为了加强对革命文献与民国文献的保护和利用，2011年国家图书馆发起"革命历史文献联合目录"的建设工作，辽宁省图书馆积极参与其中。另外，辽宁省图书馆还以馆藏为依托编制了《杨靖宇将军革命事迹篇目索引》《毛泽东著作编年目录》《实践是检验真理的唯一标准——报刊讨论文章索引》《爱国主义教育推荐书目》《习近平总书记关于文化的重要论述摘编》《各地加强党风廉政建设综述》等，有利于对红色文献的系统化管理。

第三，红色文献数据库建设。辽宁省图书馆对馆藏抗战文献资源进行开发，建设了东北抗战史知识资源数据库。该数据库通过对各种文献元数据著录标准及著录元素的选择和确定来揭示文献；通过知识组织系统建立不同主题之间的相互关联；通过超文本链接技术，在相同主题的不同类型文献之间建立相互关联；通过跨库检索技术对以上类型的东北抗战史数字资源进行整合。读者可以通过题名、主题词、时间等多途径、多角度地对数据库进行检索和浏览，为辽宁乃至东北地区的文博单位、史志办、党史办、各大院校的研究人员提供了便利的文献服务。

第四，红色文献出版。辽宁省图书馆对收藏的数百种与抗日战争有关的文献进行扫描，实现了数字化存储，并选取其中近百种共计几万余页资料，交付出版社出版，定名为《辽宁省图书馆藏抗战文献汇编》。这部分抗战文献主要包括历史、经济、文化三大类，收录了东北抗战的政治、军事、经济、文化等各方面的资料，从各个层面反映了抗日战争时期中国状况，见证了东北乃至全国抗战重大历史事件的发生。再版图书中的《东北抗日联军十四年苦斗简史》《东北抗日联军对日作战之经验》《杨靖宇和抗联第一路军》等都是珍贵的红色文献，为读者使用提供了极大便利。

第五，举办红色文献展览。以举办展览为契机，通过对红色文献资源的深入挖掘、整理，可以顺便实现资源主题化建设的目标，是近些年公共图书馆红色文献建设的一举两得的手段。辽宁省图书馆发掘馆藏红色文献，在重要的时间节点推出图片文献展览，取得了良好的效果。例如，2015年《"为了不能忘却的纪念"——纪念中国人民抗日战争暨世界反法西斯战争胜利70周年大型图片展全省巡展》；2016年《光辉历程伟大成就——庆祝中国共产党成立95周年馆藏文献图片展》；2017年《金戈铁马浴血关东——辽宁省图书馆藏东北抗日联军抗战十四年历史图片文献展》；2020年《红色记忆——辽宁省图书馆馆藏红色文献展》《纪念中国人民志愿军抗美援朝出兵作战70周年馆藏图片文献展》；2021年《辽宁省图书馆馆藏红色文献图文展》。展览通过文字、图片、图书、音像等多种形式向读者展示了辽宁人民在党的领导下进行革命、建设和全面奔小康的征程中所取得的成绩，还吸引了周边城市的读者前来参观，受到了广泛好评。

第六，建设红色文献主题馆。辽宁省图书馆根据馆藏特色建设了红色文献主题馆——东北抗联历史资料馆，旨在着重建设东北抗联文献资源，为东北抗联历史研究和抗联精神传承提供文献支持。

2016年东北抗联历史资料馆建成后,围绕主题馆展开了系列工作:①开展了相应的文献征集和采购工作,通过报纸、网站等媒体发布征集信息,通过孔夫子旧书网进行购买,现馆藏图书达到3000余种;②展示、陈列东北抗联相关的图书报刊、照片、影像资料和数字资料等史料,为读者提供参观讲解服务;③利用丰富的东北抗联馆藏及东北抗联数字资源为社会公众提供东北抗联史料查阅和咨询服务。④开展抗联口述历史资源建设;⑤举办红色主题讲座。

**3. 辽宁省图书馆民国文献保护实践**

辽宁省图书馆民国时期历史文献收藏十分丰富,其中民国中文图书3万余册,虽然在数量上不占优势,但其中包括了大量珍贵的东北地方史料。如关于近代东北铁路、矿藏、金融等方面的地方史料,民国时期出版的东北各地方志(一般状况)。另外,像《毛泽东选集》的早期版本以及革命文献的较早版本,都是非常珍贵的文献。辽宁省图书馆所藏民国期刊2000余种,有关东北的文献众多,如《东三省公报》《东省经济月刊》《盛京时报》《东北丛刊》等以及可观的伪满时期的期刊。此外,辽宁省图书馆还收藏旧日文图书10万余册、

▲ 辽宁省图书馆民国文献库房一角

旧英文图书 8 万册、旧俄文图书 14 万余册。

2012 年，"民国时期文献保护计划"项目正式实施，可以说与"中华古籍保护计划"实现了很好的对接，避免了文献保护遗漏，也为民国文献的保护工作提供了重要保障。

（1）民国文献数字化建设

辽宁省图书馆民国文献保护和数字化建设工作起步较早，在 2001 年年底即完成了馆藏民国图书书目数据库的回溯建库工作，共著录民国文献机读目录数据约 48000 条。2012 年"民国时期文献保护计划"开展以来，辽宁省图书馆作为成员馆之一，积极将馆藏民国数据导入到该计划的"民国时期文献联合目录"之中。

从 2000 年开始，辽宁省图书馆就开展了对包括珍贵民国图书、期刊在内的馆藏文献的缩微复制工作。近年共完成 1524 种图书（其中 1000 余种为民国时期革命历史文献）、216 种（316 卷）期刊、117 种（2157 卷）报纸的缩微拍摄。

在专题数据库建设方面，1997 年 9 月，辽宁省图书馆与东大阿尔派签订了 IBM 数字图书馆集成方案实施协议，包括办公自动化、图书馆业务管理系统和数字化图书馆三个部分，而数字化图书馆又是其中的重中之重。结合馆藏文献特色，构建各类型特色专题数据库，又是建设数字图书馆的重要内容。1999 年，辽宁省图书馆"东北图录数据库"建成，文献中的图片按照 CNMARC 格式著录，图片总量达到了近 9000 幅，为相关的学术研究提供了有力的依据，深受好评。

2005 年，辽宁省图书馆参加了"国家清史纂修工程图片征集"项目工作。从馆藏文献中精选出 4000 余幅历史图片，其中有相当部分是从民国文献中筛选出来的。通过该项目，辽宁省图书馆也进一步加强了馆藏文献的开发,并促进了相关人才的培养。

全文数据库建设方面,主要有以下几个重要的数据库:

①《盛京时报》全文数据库

《盛京时报》创刊于清光绪三十二年(1906),由日本人中岛真雄创办,历时38年,至1943年左右停刊。该报可以说是研究中国近代史的重要文献来源之一。2009年,辽宁省图书馆与清华同方合作,利用TPI系统,在较短的时间内把该数据库建设完成。读者可以通过题名、作者、栏目、发行年等多字段进行查询,为研究者节省了宝贵的时间。

②馆藏新中国成立前东北期刊数据库

该数据库共收录东北期刊550种,1150册合订本,共计7725期、45万页,篇名数据23万条,数据库容量100GB。该数据库在辽宁省图书馆网站发布后,为国内外的众多研究者提供了相关研究资料。

③辽宁省图书馆家谱数字化建设项目

家谱的重要性不言而喻。辽宁省图书馆的家谱全文数字化项目,主要以民国线装书为主,采用清华同方TPI系统,累计采集家谱图片28万余页,涉及全国19个省区的姓氏106个,数据容量在440GB以上。

④民国中文图书全文数据库

该项目是辽宁省图书馆与超星公司的合作项目,将馆藏全部民国中文图书进行了全文数字化扫描,并可以实现多字段的检索,极大地方便了研究者的使用,也有效保护了民国图书原件。

(2)整理出版

多年来,辽宁省图书馆一直致力于民国文献的整理出版工作,并取得了一定的成绩。特别是在"民国文献保护计划"开展以后，辽宁省图书馆在民国文献调研和整理基础上，推出了报纸、地方志、毕业论文等数种涵盖民国时期文献的出版形式，初步形成了以地方为特色的体系与规模。2012年，国图出版社出版了《辽宁省图书馆藏稀见方志丛刊》，共计18册，收录了历代珍贵且稀见的方志近50种，其中民国文献就占将近一半的数量，且颇具学术价值。例如，民国四年石印本《磐石县乡土志》，据《中国地方志联合目录》著录，属辽宁省图书馆独藏。民国时期的稿本还有《锦县志拾遗》《凌源县志初稿》，民国时期的抄本有《法库县乡土志》《新民府乡土志》《奉天西丰县乡土志》《梨树县乡土志》等。

2015年，中华书局与辽宁省图书馆合作出版了《辽宁省图书馆藏民国时期东北大学毕业论文全集》（全120册），该书是辽宁省图书馆整理馆藏文献的阶段性成果。这批论文共有525篇，包括了从1930年到1946年东北大学文、法、理3个学院7个专业的论文。这批论文有着鲜明的时代特色，是研究东北大学和民国教育史的重

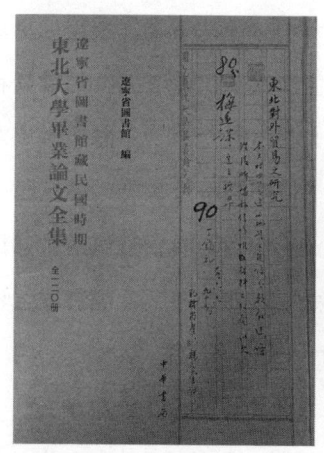

▲辽宁省图书馆近年来出版的部分民国文献整理项目成果

要文献，对相关学者的专项研究具有积极意义。

2016年开始，辽宁省图书馆与上海远东出版社合作，出版了《辽宁省图书馆藏抗战文献汇编》系列丛书。该书分为历史卷、经济卷和文献卷，共计58种，是有关东北抗战的政治、经济、军事、文化等方面的珍贵资料。

通过大量的前期调研和认真、科学的筹备工作，2016年民国时期文献整理出版项目，辽宁省图书馆"民国时期东北工业文献汇编"成功获得国家民国文献保护中心出版课题的资助。该项目对馆藏东北工业文献做了细致的梳理和体例编排，具有很高的史料价值，对于今日东北老工业基地的振兴也不无借鉴意义。

### 4. 辽宁省图书馆地方文献数字化建设探索与实践

自20世纪90年代开始，辽宁省图书馆开始致力于地方文献数字化建设工作，陆续建设了东北图录、清史图录、家谱、东北抗战、旧方志、馆藏民国地方报纸、《辽海往事》口述历史、《记忆中的老工厂》、《辽宁建筑与名人》等质量较好、文献价值较大、学术价值较高的地方文献数据库。目前，已建设地方文献数据库33个，

▲辽宁省图书馆自建数据库

数据总量2555131条，总容量3000余GB，这些数据库的建设有效地提高了地方文献资源的利用效率，对于普及地方历史文化知识，传承地域文化，促进地方文化的繁荣发展发挥了重要的作用。

（1）加快建设步伐，地方文献数字化建设卓见成效

辽宁省图书馆地方文献数字化建设包括书目、图片、全文、视频、音频、多媒体等多种数据库类型。2013年以来，辽宁省图书馆地方文献数字化建设工作在宏观规划、内容、容量、技术等方面都有了较大的进展，主要从特色馆藏数字化、地方专题资源库建设、网络地方资源采集等方面深入挖掘地域文化资源，开展了多项地方文献数字化建设工作，取得显著成效。

辽宁省图书馆馆藏以新中国成立前东北地方文献和伪满时期文献著称，这部分文献极具史料价值和文献价值，深受地方专家学者的关注。由于年代久远，大部分纸张已经老化发脆，无法以原文献的方式提供读者使用，为了抢救保护和研究利用这部分文献，省图书馆近年开展了旧方志、馆藏"满铁"资料、馆藏民国地方报纸等特色馆藏的数字化建设工作，极大地提高了馆藏特色资源的利用效率。

①馆藏旧方志数字化

地方志是记录一个地区自然与社会全面情况的历史文献，是了解一个地区历史与现实的珍贵参考书，对于地方史、社会学、民俗学等学术研究具有重要的意义。旧方志是指1949年以前编纂的地方志。2013年，我们对馆藏旧方志进行了认真调研，按照1949年以前东北地域行政区划，参考1986年出版的《中国地方志联合目录》中辽宁省图书馆收藏的方志信息，检索馆藏古籍书目数据库，最终检

出馆藏东北地域旧方志265种，几乎涵盖了东北行政区划的各个区域。馆藏旧方志中，有167种已制作成缩微胶片，其中66种是古籍善本，101种为普通古籍。为了避免损坏原文献，旧方志的数字化工作利用已制成的缩微胶片，胶片总拍数约45000拍（一拍两页），转换为9万页数字化图片，旧方志数据库以这些数字化文件为基础，制作成电子书，后期将打包的电子书与元数据进行链接，只要在发布界面点击书名即可进入电子书，使用电子书浏览软件进行全文浏览。

②"满铁"资料书目数据库

"满铁"资料是1906年南满洲铁道株式会社成立到1945年解体的40年中该机构及其下属机构编辑和收藏的资料、藏书的总称。"满铁"资料不仅是日本军国主义侵略中国的铁证，也是研究当时历史以及教育子孙后代的重要材料。"满铁"资料是最能体现本馆馆藏特色的文献资料之一，辽宁省图书馆馆藏的"满铁"资料近3万种，数量大、品种多、质量高，在国内"满铁"资料的收藏单位中名列第三，仅次于大连图书馆、中国科学院。2000年左右，本馆曾组织人员进行了"满铁"资料的开发工作，存留下Word形式的数据资料。2013年，地方文献部将这些数据资料整理出馆藏"满铁"日文图书、西文图书、中文图书、期刊的具体书目信息，并对4种类型文献的数据结构进行统一，利用自建数据库系统建立了"满铁"资料书目数据库，该库共收录数据25701条，其中"满铁"日文图书15625条、"满铁"西文图书6887条、"满铁"中文图书2242条、"满铁"期刊947条，全面地反映了辽宁省图书馆馆藏"满铁"资料概况。

③民国地方报纸数字化

民国报纸是指民国元年（1911）辛亥革命以后至1949年新中国

成立前所出版的中文报纸，它们是民国这一特殊社会转型期思想、文化的最主要载体。民国地方报纸如实记录了民国时期辽宁、东北地区乃至全中国的社会、政治、军事、经济、教育、思想文化等各个方面的发展状况，蕴藏着许多极为珍贵的历史资料。数字化开发可以使研究者利用网络随时随地检索这些资料，避免重复翻阅文献造成的对文献的损坏，充分发挥民国报纸的史料价值。2013—2017年，辽宁省图书馆陆续开展了《东北日报》《东三省民报》《和平日报》《中央日报》《醒时报》《泰东日报》等民国时期东北地方报纸的数字化工作，制作数据446927条，数据总容量达48.58GB。

（2）地方专题资源建设，彰显地域文化华彩

地方专题资源库是围绕特定专题，对相关的各种类型资源进行整合而形成的关于这一地方专题的资源聚合。2014年，辽宁省图书馆确立了以体现地方特色、弘扬地域文化为目标，建立辽宁文化数据库的建设规划。在选题时，立足于辽宁经济、社会、文化发展，以辽宁和东北地域的大文化信息数字化为目标定位，既充分反映地方特色、时代特色，同时要具有较高的文化、历史价值。近年来，地方专题资源库建设工作主要开展了《辽海往事》口述历史、《记忆中的老工厂》专题资源库建设等6项工作。

①《辽海往事》口述历史

口述历史是见证人类历史的宝贵口头资料，弥补了传统史学研究中单纯依托文献的特点，对记录和丰富辽宁发展史有着重要的现实意义和深远的历史意义。《辽海往事》口述历史项目建设工作于2016年启动，该项目以辽宁地区的若干项重大考古发现为线索，通过发掘人员、亲历人员或见证者的讲述，为观众呈现出若干发掘故事，

并且延伸到其背后的意义和对这片土地的影响,形成20集《辽海往事》口述历史资源库。该项目采访了郭大顺、华玉冰、王秋华、傅仁义、冯永谦等10余位考古发掘的见证者,内容涵盖了朝阳翼龙、鸟化石、花化石、金牛山人、新乐遗址、红山文化、东大杖子战国墓、碣石宫、叶茂台辽墓、明长城、汗王宫等辽宁地区重大考古发现。

②《记忆中的老工厂》专题资源库

2016年,辽宁省图书馆开展了《记忆中的老工厂》专题资源库建设。该项目以纪录片形式记录辽宁那些曾经为共和国工业创造过辉煌,现在已经在历史舞台消失的国有企业以及在这些企业发展过程中做出巨大贡献却逐渐被人遗忘的老劳模,用劳模们的精神激励后人,在全面振兴辽宁老工业基地中发挥作用。纪录片共拍摄20集,包括沈阳冶炼厂、沈阳机车车辆厂、沈阳重型机械厂、沈阳机床一厂、沈阳汽车制造厂、沈阳鼓风机厂、沈阳电缆厂、沈阳飞机制造厂、沈阳铸造厂以及工人村和老工业区,再现了辽宁老工业基地的辉煌历史。

③《辽宁建筑与名人》专题资源库

《辽宁建筑与名人》专题资源库建设于2017年启动,项目以纪录片的形式,以展现具有辽宁历史文化特点的建筑为主线,讲述建筑与辽宁名人的历史。共拍摄6集,包括北大营、常荫槐公馆、大帅府、东北陆军讲武堂、吴俊升公馆、杨宇霆公馆。

④《奉天通志》东北人物数据库

《奉天通志》东北人物数据库于2015年启动建设,该库收录具有东北籍贯、活动于东北以及曾在东北停留(只收停留期间的内容)的人物数据,包括人物的图片、资料(小传、传记、相关介绍)、著述(文章、专著、画作、篆刻等)等索引信息,囊括活跃在本地区历史舞台上的勋阀、乡宦、忠节之人、武林人士、文学艺术及社会名流，是地方人物资料之总集。现已制作人物条目43263条，数据容量8GB。数据库标明文献来源、出处、页码，方便使用者查找。

⑤东北抗联专题数字化建设

辽宁省图书馆现收录1931年至1945年期间反映东北地区的政治、经济、文化等基本情况的文献资料和与东北抗联相关的文献约3000册（件）。2017年，省图书馆开展了东北抗联专题文献数字化建设工作，在馆藏东北抗联文献中选取57册具有较高历史价值的抗联文献进行数字化加工，按照双层PDF标准扫描26682页，可实现全文检索。

⑥"中国图书馆界重要人物专题"资源建设项目

2015年12月，国家图书馆中国记忆项目中心联合全国图书馆界各相关单位共同启动了"中国图书馆界重要人物专题"资源建设工作，对我国现当代图书馆学家和为我国图书馆事业发展做出过突出贡献的人士进行口述史访谈。辽宁省图书馆作为联建单位，积极参与项目建设工作，2018年1月，选定在辽宁图书馆界具有重要影响力的辽宁图书馆原副馆长韩锡铎为项目建设人物，向国家图书馆提交了中国记忆项目"中国图书馆界重要人物专题资源共建申报书"，通过专家评定并获准立项，被列为第二批共建项目。

该项目严格按照中国记忆项目"中国图书馆界重要人物专题"资源共建工作手册中制定的各项标准进行拍摄制作，向国家图书馆提交总时长不低于6小时的成片，将音视频口述史料所记录的内容转录为文稿，并进行校对和编辑。同时向受访人征集照片、信件、笔记、日记、手稿、音视频资料、出版物（包括非正式出版物）等相关文献。

（3）采集地方网络资源，及时保存重要网络信息

网络环境下，有关地方政治、经济、历史、文化等方面的信息日益丰富，这些信息数量惊人、来源广泛、动态性强，每天都有海量有价值的信息在消亡，为了使具有重要价值的网络资源得以永久保存，辽宁省图书馆自2014年起，依托数字图书馆推广工程数字资源联合建设项目开展了地方网络资源采集工作，内容包括政府公开信息、地方网络资源典藏、专题网站资源采集。

①政府公开信息建设

2014年，辽宁省图书馆启动政府公开信息项目建设，该项目利用中国政府公开信息整合服务平台，通过互联网采集、加工辽宁省人民政府及下属委办厅局官网上的公文信息，以便为人民群众提供更加透明、便捷的政府信息服务。截至2017年年底，共采集115家省级政府官方网站2054个栏目的政务公开信息，著录政府信息数据115300条，数据总容量约22GB。

②地方网络资源典藏

2016年，辽宁省图书馆开展了地方网络资源典藏项目建设，该项目以政府网站的采集和存档为重点，对辽宁省行政区域的核心政府机构、事业单位、文化、艺术、科普等网站内的全部内容进行采集，资源采集完成后对其进行编目、索引，保存于本地服务器。截至2017年年底，共计典藏156家网站830177个网页，资源容量178.53GB。

③专题网站资源采集

专题资源网站采集建设项目以地方专题的采集和存档为重点，

围绕当地重大文化事件、地方民风民俗、地方文化保护等主题,采集本地区完整的、延续性较好的重点专题网络资源,采集对象为网站专题频道和网页,将采集到的文档(WARC 文档)数据进行索引后发布。2018 年,辽宁省图书馆将采集 5 个网络地方专题资源,每个专题的链接不少于 100 个。

(4)建设地方文献书目数据库,全面揭示馆藏地方文献

从 2001 年起,省图书馆在馆藏书目数据库的基础上,对内容属于地方文献的图书进行附加主题标引和分类标引。在主题标引时,除进行学科主题标引外,还要根据文献内容以团体名称、会议名称、地理名称等主题词为主标目进行双重标引;在分类标引时,除按常规著录 690 字段外,重复 690 字段,并在分类号前加"地文"。通过对地方文献图书主题和分类的双重附加标引,在本馆馆藏书目数据库中建立起地方文献书目数据库,现已累积 2 万余条数据。读者通过省图书馆网站 OPAC 检索的分类途径,输入"地文",即可浏览检索所有地方文献书目数据。

目前,辽宁省图书馆的地方文献数字化建设虽然取得了一定的成绩,但也存在一定的问题,在文化根脉的挖掘深度、资源揭示的层次、资源之间的关联度、资源的推广度等方面还有许多需要改进的地方。地方文献数字化工作任重而道远,需要资源建设人员长期不懈的努力,今后我们将进一步加大地方文献数字化建设力度,改进不足之处,深挖文化内涵,以记录历史、传承中华优秀文化为宗旨,努力构建地方数字资源保障体系,为本地区经济建设和社会发展提供有力的智力支持,为增强文化自信,推进社会主义文化繁荣发展做出应有的贡献。

## 5. 东北抗联历史资料馆的建立与实践

2017年4月23日，辽宁省图书馆东北抗联历史资料馆正式开馆。东北抗联历史资料馆的建立，旨在利用辽宁省图书馆丰富的东北历史文献馆藏，全面、真实、准确、系统地反映东北抗日联军14年艰苦卓绝的斗争历史，生动再现东北抗联抗击日本帝国主义的英雄壮举，力争将其打造成为东北地区乃至全国最权威、最全面、最详实的抗联历史资料中心。

▲ 辽宁省图书馆东北抗联历史资料馆

（1）筹建东北抗联历史资料馆的准备工作

地方文献部工作人员精心酝酿筹建东北抗联历史资料馆的准备工作，在调研考察阶段、资料采集阶段、资料加工整理和典藏入库阶段、设备采购和场馆建设阶段做了大量卓有成效的工作，具体情况如下：

①调研考察阶段

首先，采用互联网和实地调研考察相结合的方式对以下个人、单位和机构收藏的关于东北抗联历史资料的情况进行调研考察：

**各级图书馆：** 对辽宁省图书馆、吉林省图书馆、黑龙江省图书馆、东北各市级图书馆、国家图书馆、重庆图书馆等可能收藏东北抗联历史资料的所有图书馆进行调研考察。

**各地的纪念馆、博物馆和陈列馆：** 对本溪东北抗联史实陈列馆、朝阳赵尚志纪念馆以及吉林、黑龙江乃至全国各地与东北抗联有关的纪念馆、博物馆和陈列馆进行调研考察。

**各级档案馆：** 对辽宁省档案馆、吉林省档案馆、黑龙江省档案馆、东北各市级档案馆和国家档案馆等可能收藏东北抗联历史资料的所有档案馆进行调研考察。

对其他所有可能收藏东北抗联历史资料的图书馆进行调研考察。对互联网上所有可能载有东北抗联历史资料的网站进行调研考察。

通过咨询部队、民政部等相关部门确定健在的东北抗战老兵、抗战战士家属或后代、东北抗战亲历者和东北抗战历史研究者。

其次，起草《东北抗联历史资料馆建设方案》和《东北抗联历史资料馆建设专项经费预算方案》，并根据调研情况不断改进完善。

最后，制定缜密的切实可行的《东北抗联历史资料馆工作计划》，为上级单位决策提供翔实可靠的依据。

②资料采集阶段

在调研考察的基础上，通过采购、复制、拍摄、交换等多种方式对1931年至1945年之间反映东北地区的政治、经济、文化等基本情况的文献资料和与东北抗联相关的图书、报刊、档案、访问录、佐证资料、照片、影像资料、日记信件、实物和数字资料等史料进行采集，尽全力保证资料的全面性、完整性和权威性。

第一，对所有调研考察的机构和单位进行资料采集，查重后分门别类收集起来。

第二，在辽宁省图书馆网站和媒体上刊登征集东北抗联历史资料的征文，面向社会公众采集相关资料。

第三，对互联网上有关的东北抗联历史资料进行收集和整理。

③资料加工整理和典藏入库阶段

第一，对采集来的所有东北抗联历史资料进行编目、分类、标引、典藏入库。

第二，对于采集来的图书，按照中华人民共和国国家标准《文献著录总则》（GB 3792.1）、《普通图书著录规则》（GB 3792.2）、《国际标准书目著录》（ISBD）、《中国机读目录格式》（WH/T 0503-96）进行著录，形成图书机读目录数据库，方便在电脑和网络上检索和利用，按照《中国图书馆分类法》进行分类标引，排架入库。

第三，对于采集来的期刊和报纸，按照中华人民共和国国家标准《连续出版物著录规则》（GB/T 3792.3-1985）和《中国机读目录格式》（WH/ T 0503-96）进行著录，形成报刊机读目录数据库；按照《中国图书馆图书分类法》进行分类标引，排架入库。

第四，对于采集来的音像资料，按照中华人民共和国国家标准《文献著录总则》（GB 3792.1-83）、《非书资料著录规则》（GB 3792.4-85）和中国机读目录格式（WH/T 0503-96）进行著录，形成音像资料机读目录数据库；按照《中国图书馆图书分类法》进行分类标引，排架入库。

第五，对于采集来的档案，按照中国档案著录标准GB/T 3792.5-

1985进行著录，形成档案目录数据库；按照《中国档案分类法》分类标引，排架入库。

第六，对于采集来的照片，按照中华人民共和国文化行业标准《图像数据加工规范》（WH/T 46-2012）进行加工处理，方便检索和利用；按照中华人民共和国国家标准《照片档案管理规范》（GB/T 11821-2002）进行管理，排架入库。

④设备采购和场馆建设阶段

在资料征集的同时，按计划进行相关设备的购入和场馆建设。

第一，确定并腾置馆舍空间用于东北抗联历史资料馆建设。

第二，采购书架、书柜、展示柜、阅览桌椅、组合沙发、电脑、投影仪、复印机、扫描仪、电脑、照相机、摄像机、录音笔、书车、平板车等相关设备。

第三，对东北抗联历史资料馆区域进行装饰、装修，使资料馆具备以下功能区：

抗联史料保存与阅览区：对资料按原始档案、现代出版物类、音像资料类、图片资料类等分类存放，为读者提供阅览服务；

电子检索与多媒体服务区：提供东北抗联有关图片、音像资料、电子文献的检索与多媒体阅览服务；

抗联实物史料展示区：展示东北抗联相关的照片、日记信件、实物资料等；

研究讨论区：组织开展东北抗联史料研讨。

（2）东北抗联历史资料馆开展的业务工作

东北抗联历史资料馆开馆以来，相关工作人员脚踏实地、真抓实干，开展了以下工作：

第一，在调研考察互联网和本馆、全省、东三省乃至全国的个人、单位和机构收藏的有关东北抗联历史资料情况的基础上，通过购买、复制、交换等方式，查缺补漏，全面收集东北抗联相关历史文献资料。

第二，通过在《辽沈晚报》、本馆网站及微信平台发布征集启事以及在服务大厅设置征集易拉宝等形式广泛宣传东北抗联历史文献资料征集工作。征集范围包括从1931年九一八事变到1945年9月3日抗战胜利期间与东北抗联有关的能够反映抗联史实及当时东北地区政治、经济、文化、科技、教育、体育、卫生、宗教等各方面社会情况的文献资料，包括图书、报刊、档案、访问录、手稿、日记、信件、照片、影音以及相关实物等。此外，关于日本军国主义对东三省进行军事、经济、交通、文化、商业、工业侵略罪行的相关文献，关于战后审判日本战犯及遣返战俘的相关文献，为纪念东北抗联而创作的书法、绘画等相关艺术作品，均在征集之列。

第三，通过采访健在的东北抗联战士、东北抗联战士家属或后代、抗战亲历者、抗联历史研究者等，拍摄、采集"东北抗日联军专题"口述史料，将战争亲历者头脑中的活资料及时地抢救并妥善地保存下来。

第四，对东北抗联专题文献资料进行数字化加工，建立专题数据库，方便读者检索和利用。

第五，利用东北抗联历史资料馆的平台面向社会公众开展有关东北抗联历史资料的阅览、书面查询和课题咨询等工作。

第六，组织东北抗联史料研究人员进行座谈或举办学术报告会及学术交流活动等。2017年7月9日，邀请辽宁省委党校王建学教授做了题为"东北抗日联军战斗历程及历史地位"的讲座。王教授给大家讲述了东北抗联建立的背景、发展的历程，深刻解读了抗联精神的实质及弘扬抗联精神的现实意义。2018年5月12日，邀请赵尚志四胞妹赵尚英次子、赵尚志研究会副会长、尚志市东北抗联文化研究会副会长、齐齐哈尔党史研究室原研究员、历史学教授李龙做"尚志精神与尚志家训"专题讲座，为读者宣讲东北抗联英雄赵尚志的精神与家训。

第七，举办大型抗联专题展览《铁血雄魂 丰碑永铸——辽宁省图书馆藏东北抗日联军抗战十四年历史图片文献展》。该展于2017年9月3日在辽宁省图书馆展厅展出，展览持续一个月。展览甄选馆藏图片400余幅，分三个部分展示东北人民14年抗战的艰苦历程。第一部分为东北抗日联军开展抗日战争的背景，主要介绍日本发动九一八事变及其在东北的殖民统治；第二部分为中国共产党领导的抗日武装东北义勇军、抗日游击队、东北人民革命军、东北抗日联军的战斗历程；第三部分为对日本侵略者的审判与对抗联先烈的缅怀。展览展出了辽宁省图书馆藏珍贵抗战文献。例如，1936年出版的由车向忱多年收集资料整理出版的《东北抗日联军对日作战之经验》；东北抗日联军的著名将领冯仲云所著的于1946年出版的《东北抗日联军十四年苦斗简史》；抗日联军著名将领周保中著述的《东北抗日游击日记》；还有东北抗联将领的相关传记以及反映抗联文艺的相关文献。展览通过图片和文献的形式，展示东北抗联14年抗战历史，讴歌牺牲在白山黑水的抗联英烈，弘扬东北抗联坚贞不屈、保家卫国的牺牲精神，让抗联精神鼓舞人们同心同力，为实现中华民族伟大复兴的民族梦不懈努力。

## 6. 辽宁地方作家作品签名本及手稿的征集

1951年秋，蒲松龄后裔蒲文珊将珍藏的《聊斋志异》部分手稿送至辽宁省图书馆（原名东北图书馆）保存，此时辽宁省图书馆即开始了对手稿的保存和收藏。1983年，时逢辽宁省图书馆庆祝开馆三十五周年之际，珍藏多年的两部聊斋手稿在"馆藏善本书展览"中首次对外展出。此时的古籍部已经开展了地方文献的征集工作。1996年，辽宁省图书馆由大帅府旧址搬至南塔原址后，辽宁籍30年代著名作家资料馆隆重开馆。后陆续筹建地方文献专库，由信息咨询部设立地方文献组，专门负责有关地方文献专库的管理及咨询工作。2013年，辽宁省图书馆正式成立地方文献部，将先前由信息咨询部地方文献组负责的工作交给新部门重新分配完成。地方文献的征集工作也细化为三大块：第一，非公开出版的地方文献图书的征集；第二，地方内部刊物的征集；第三，地方作家作品签名本及手稿的征集。由此，辽宁省图书馆作家作品签名本及手稿的征集步入一个新的阶段。

（1）签名本及手稿征集的目的与意义

征集工作向来是图书馆的基础业务之一。人们总把图书馆比作知识的海洋，因其拥有丰富的文献资源。而除了出版社的呈缴和图书采购外，图书馆的征集工作还包含一些较为特殊的部分，如作家作品签名本和手稿等非正式出版的内部出版物。这些在市面上买不到的文献资料对于图书馆的收藏和研究者考证利用有着不可小觑的价值。

①特色凸显，建立特色馆藏

对于省级公共图书馆而言，地方文献的收藏保存及利用是形成其馆藏特色的基础之一,而特定区域内的特色资源,是在其他区域难以获取的,地方文献的征集因此成为基础中的基础。

作家作品个性鲜明、内容广泛、体裁多样,包括小说、诗歌、散文、传记文学、报告文学等多种体裁,内容上也涉猎甚广,包括社会、政治、经济等多个领域。上到领导决策,下到百姓民生,作家作品可谓无所不触,且不仅限于本乡本土,其文化价值不言而喻,且带有内在的历史性和社会性。从整体而言,作家作品所运用的叙事手法和艺术技巧均带有强烈的文学性。在描绘地方人物事物时相比普通地方文献更加形象生动,可读性更强。如沈阳作家马秋芬的《到东北看二人转》,记录东北二人转从"低俗文化"到"流行文化"到"高雅文化"的命运轨迹;《老沈阳:盛京流云》抓取沈阳城经久不衰或缓缓老去的特殊的人和物,描绘老城独有的历史记忆。大连作家素素的《独语东北》和《流光碎影》,将东北的山川、人物、文化置于笔端,剖析得精细透彻。这些可读性强的作家作品同时也是珍贵的辽宁地方文献,其特殊的形式和内容成为特定区域内的特色资源,因此成为辽宁省图书馆地方文献征集的重要组成部分。

②不可再生资源,折射社会历史变迁

作品签名本和手稿都是稀缺资源,尤其对于已故作家,更是不可再生资源,且签名本更容易建立作者与读者间的亲密关系,增强作品与读者间的互动。而对于手稿,其研究更是一个在世界范围内都具有悠久传统的重要领域。瑞士语言学家冯铁教授曾通过对汪静之等现代作家所用稿纸的考察发现,"节省稿纸是经过抗战一代作家的习惯"。如果不是通过手稿,这样一个简单的事实很容易被忽视,而这一事实对于对现代作家的研究并非毫无意义。此外,一部作品手稿中的每一次修改、每一处涂抹，都是作者思维过程的再现，对研究作者本人及其所处的社会环境都有极大价值。由此可见，手稿的价值不仅仅局限于文学范畴，更有其文本的生成过程，在一定程度上折射出社会发展、历史变迁。

图书馆对签名本和手稿的征集，是对特色资源的收集整理，是对文化的收藏保存，更为读者研究、利用提供了极大便利。

（2）签名本及手稿征集的具体做法

①征集分工

如上所述，自 2013 年地方文献部成立后，新部门将征集工作细化，将地方文献分成三大块进行征集，即非公开出版的地方文献图书、地方内部刊物以及地方作家作品签名本及手稿等，且将各部分地方文献的征集工作细分到专人负责，有效补充全馆采购和征集的空缺。

对于作家作品的征集，主要包括三个部分：一是对作家作品签名本的征集，二是对作家手稿的征集，三是对作家其他资料，如照片、证书、书画作品等的征集。在众多的地方文献资料的征集当中，签名本和手稿因价值不菲而凸显其征集工作的与众不同。签名本手稿的征集工作主要包括线索的搜集、实地探访，征集到馆后的整理录入，等等。征集到的签名本和手稿及实物资料等，地方文献部负责初期的信息整理及录入，后期的编目加工入藏工作由采编部专门负责，入藏后交由地方文献部做专库收藏管理。

②征集渠道

地方资源庞杂而丰富，征集工作者只有通过不断地探索、联系、走访才能获得更多珍贵资源。辽宁省图书馆手稿及作家签名本等的征集途径主要包括：与辽宁省作家协会、辽宁省散文学会等机构的互惠合作；参加文学研讨会及文学界的各类活动，如展览、签售会、文学报告会等；发布签名本和手稿的征集公告；电话沟通及实地走访等。

几年来，我们参加了辽宁省散文学会举办的"散文创作与繁荣辽海文化研讨会"，辽宁省作家协会、辽宁人民出版社和沈阳市文联主办的"书卷辽海——辽沈作家作品展示"活动以及辽宁省首届"双利杯"百名书画家和百名作家作品展等。活动的开展，一方面是征集工作者文学视野的拓宽，有利于提高其工作能力，另一方面更是与作家建立联系的重要契机。例如，通过辽宁省老艺术家协会的刘华蓉老师，我们联系到了辽宁著名学者、作家彭定安以及著名散文家单复老人的儿子单明，之后陆续获得他们赠送的签名作品及手稿等。

辽宁省散文学会秘书长葛江洋、辽宁省作家协会周建新、沈阳市残疾人作家赵凯等，我们也都是通过参加活动与之建立联系。他们不仅捐赠了个人的签名作品，还多次为签名本和手稿的征集工作提供线索。长期与他们保持联系，也能第一时间获得文学界的活动信息，搭建作者与图书馆之间的桥梁。就是这样充分利用参加各种活动的机会，征集人员将图书馆的征集工作加以宣传，逐渐拓宽征集渠道。

不论通过哪种渠道获知作者信息，最终最重要的征集方式就是登门拜访。辽宁省图书馆地方文献部于2013年正式开展签名本和手稿的征集工作，期间与百余位地方作者建立联系，拜访了30余位作者，累计逾40次。其中包括辽宁诗坛泰斗级人物阿红，辽宁省作协主席韶华、刘兆林，曾与毛岸英并肩战斗过的辽宁作家杨大群，辽宁作家、学者彭定安以及作家胡世宗、鲍尔吉·原野等。以上作者均向辽宁省图书馆捐赠了签名作品或手稿，成为图书馆珍贵的文献资料。当面的沟通与了解更有助于获得作者的信任，也可使作者了解图书馆的工作流程，进一步认识到图书馆工作及征集的意义和收藏的价值。登门拜访使征集更直接、更有效，更显诚意。

另有部分作者由于地域等原因，无法当面拜访，通过电话沟通也慷慨赠书，如曾任辽宁省委宣传部长、鲁迅文学奖获得者王充闾，通过电话联系，将几十种签名作品赠予我馆收藏。

③征集成果

所谓征集成果，不仅仅是征集到的签名本和手稿数量逐年上升，地方文献部还在征集的过程中发现问题、解决问题，在规范征集程序、扩大宣传、增强社会效应等方面做了积极的改良，对征集工作的顺利开展有非常重要的作用。

首先，细致分工，建立专库。

看似简单的工作分工，却使得庞杂的地方文献资源收集变得有

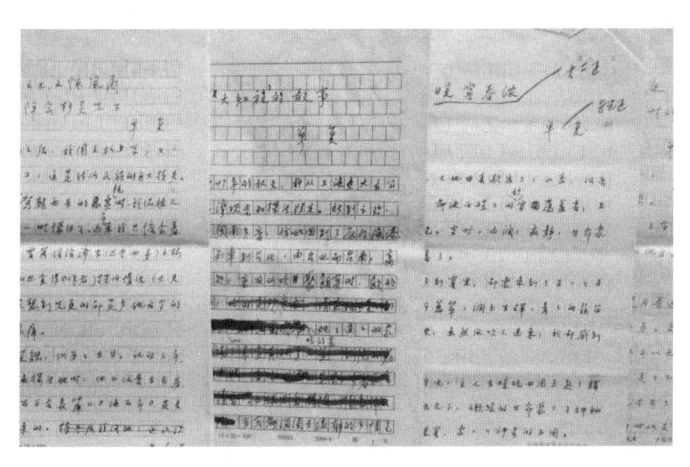

▲ 辽宁省图书馆馆藏著名散文作家单复的部分散文手稿

▲ 辽宁省图书馆馆藏著名学者彭定安赠送的部分读书笔记

序规范，且有了突出的重点，更容易在某一领域进行重点突击，形成规模，从而更有利于特色馆藏的形成及后续研究者的查阅和利用。

签名本和手稿的征集责成专人负责后，建立签名本和手稿专库进行保存，这是近年来辽宁省图书馆地方文献部签名本和手稿征集工作的新发展，这部分文献资料不仅为今后更好地进行资料收藏管理及利用提供了极大便利，更成为非常珍贵的馆藏资源。

目前，辽宁省图书馆签名本库已入藏辽宁作家作品签名本400余种。除了名家签名本，辽宁本土的一些文学团体和本土作家得知签名本库的建立后，也纷纷将其出版的文学作品签名赠予我馆收藏。签名本库的建立在一定程度上反映了辽宁文学发展的现状和成就，力求为辽宁文学的发展研究提供有力支持。

其次，展览展出，扩大宣传。

目前，我们征集到手稿近140件，书法作品、照片、光盘等其他有关作家的资料等100余件。2015年5月，辽宁省图书馆举办了"文苑英华——辽宁省图书馆馆藏当代辽沈部分著名作家手稿展",展览展出手稿129件,引起了社会各界的强烈反响,辽宁卫视、《新北方》栏目、《辽沈晚报》等多家媒体进行报道。在此基础上,扩大展览的社会效应,吸引更多作者将有价值的资料置于图书馆永久保存。

在我们征集的众多手稿中,有已故作家单复的散文手记,有其写给巴金的百岁贺信,有彭定安老先生从1949年就开始保存的读书笔记,有其获奖作品——长篇小说《离离原上草》的创作手稿,更有抗战老兵的抗美援朝日记片断。

2017年7月,辽宁省图书馆还在《辽沈晚报》发出征集启事,扩大包括签名本和手稿在内的辽宁地方文献及东北抗联文献征集工作的宣传,将征集工作推上新高度。

最后,制定规则,针对性更强。

随着征集数量的上升,辽宁省图书馆逐渐制定了有针对性的编目规则,对有关手稿进行细致的整理加工。手稿编目规则的制定,有利于征集工作者在手稿搜集过程中获取更加完整的相关信息,为手稿征集后的保存管理和利用提供保障。

(3)签名本及手稿征集的经验总结与思考

随着文献的不断丰富和网络的飞速发展,作家作品签名本及手稿的征集工作具有了空前的紧迫性,成为我们所面临的抢救性工作之一,尤其手稿的征集更是迫在眉睫。在笔者拜访过的作家中,有的已经与世长辞。社会的进步和发展给这项征集工作带来了更大的难度和挑战,以往关于签名本和手稿的征集或可给我们以下启示:

首先,建立科学有效的采访规则和方法势在必行。征集工作看似简单,却要求征集人员不仅要有高度的工作热情和责任感,还要掌握丰富的知识和科学有效的采访方法。辽宁省图书馆几年来的征集成果，很大程度上归功于地方文献部征集目标的确立和征集渠道的科学拓展，再加上征集工作者的积极探索使得征集初见成效。而在今后的工作中，征集人员更应该建立抢救意识，可在每一次采访前拟订主题和提纲，有计划、有目的地对作家本人进行全方位的采访，除了签名本和手稿的征集外，可将围绕作家本人有价值的内容，如其生平经历、主要代表作及其被采访时的神态、谈话内容、生活情景等一一记录，连同其主要著作、包括他人研究等各方面资料汇总，加之音像资料，制作成多媒体光盘以永久保存，更好地发挥资料的收藏和使用价值，一举多得。

其次，细化规范手稿等的收藏细则和程序必不可少。征集只是图书馆保存和收藏珍贵文献的起点，重中之重还在后续的管理等方面，加强专题文献的管理，制定详尽的保存和收藏细则，有利于征集工作的规范化，也为征集工作有序、持续地开展打下基础。

再次，展览、宣传扩大社会效应是推进工作的必要举措。辽宁省图书馆力求通过对签名本及手稿等开展馆内展览、媒体报道以及媒体刊发征集启事等途径，扩大资源的征集面，同时促进文献资源的有效利用，将珍贵的历史文献更好地呈现给读者。

总之，面对瞬息万变的信息社会，搜集珍贵的文献资料，抢救珍贵的文化资源，是图书馆人不可推卸的责任和使命。

# 第四章 营造传统文化空间 凸显环境育人功能

2021年6月,《"十四五"公共文化服务体系建设规划》统筹规划了图书馆空间建设主要任务,其中包括"建设以人为中心的图书馆""优化图书馆环境和功能""营造融入人民群众日常生活的高品质文化空间""拓展与深化图书馆服务创新"等。这些任务为公共图书馆空间价值的开发以及服务创新提供了依据,并指明了发展方向。构建集阅读、研讨、创新、交流甚至娱乐为一体的复合型传统文化空间,是公共图书馆高质量、高效能践行文化传承使命,促进功能转型与服务创新的发展思路。目前,已有越来越多的公共图书馆设立了传统文化空间,将经典文献集中存放展示,围绕经典文献开展包括阅读指导、读书沙龙、小规模研读、经典专题研讨等在内的阅读推广活动,力求通过空间再造驱动服务创新与氛围升级,拉近大众与经典的距离,这对于启发全民智慧、提升全民素质、传承与发展中华优秀传统文化意义深远。

# 一、图书馆空间服务

从古至今,图书馆建筑作为重要的社会公共建筑类型,在人们的心目中和生活中有着举足轻重的地位,优秀的图书馆建筑所蕴含的文化内涵,常常成为业界关注、学习和观摩的对象。图书馆空间作为建筑的重要组成形式是供读者学习、活动和交流的特殊社会空间,无论其是有形的物理空间还是虚拟的网络空间,在人类文明的历史发展长河中无不受到社会变迁的影响和面临科学技术发展带来的挑战。

## (一)图书馆空间的演变

印度著名图书馆学家阮冈纳赞在《图书馆学五定律》中指出:图书馆是一个生长着的有机体。从古代的藏书楼到现代的图书馆,图书馆这个有机体不断扩张发展,其形态和功能也被赋予了更多的内涵。然而,随着时间的推移,其空间作为图书馆开展服务主战场的优势和地位始终不变。

### 1. 闭环式储藏空间

在我国古代封建社会形态和小农生产经济模式的影响下,古代图书馆的空间形态表现为"闭锁"形式,即以私人"藏书室(楼)"为主,其规模结构与权力地位相配,仅供少数人使用,实行封闭式管理。由于当时社会经济、文化水平相对落后,原始文献载体珍贵,文献利用与传播不便,再加上封建社会的自我封闭特征,当时的图书馆功能单一,仅是储藏文献的空间,重视藏书而轻视利用,藏书构成完全由藏家的兴趣决定,构成了一个自我循环的闭环系统。随着封建社会生产力的不断提高，文献载体与传播发生巨大变化。古代图书馆的藏书主体逐渐向非统治阶级转移，私人藏书数量逐渐扩大，促进了古代图书馆社会形态的进一步发展。

2. 开放式公共空间

进入近代社会，图书馆呈现出不同于古代图书馆的一种质变飞跃，即面向社会大众开放，打破了自我封闭式的循环系统，开始探索建立为社会公众提供文献服务的理念。首先，图书馆作为社会文化机构的地位被确立，图书馆空间除了储藏文献，开始接纳社会公众的到馆利用，图书馆的社会教育功能、文献传播利用功能、文化遗产保存功能等多项潜在职能被激发出来；其次，开始根据不同的服务类型和公众需求对图书馆进行分类，这成为近代图书馆的主要形式，图书馆空间突破了"以藏为主"的形态模式，向"仓用并重""以用促藏"的模式转变；再次，图书馆的文献管理水平得到提高，管理手段得到丰富，文献目录学理论的实践应用使得文献的整理归纳更加有序，同时图书馆之间的交流与合作推进了图书馆事业的整体发展。

3. "高科技式"的互动空间

20世纪电子计算机的广泛应用与普及使人类迈入信息社会，信息社会的快速发展推动了近代图书馆向现代图书馆的转变，图书馆由此开启了现代化进程。随着信息社会网络化、信息化的发展，信息量急剧增加，加之文献载体电子化形式的出现，使得文献储藏空间受到挑战，图书馆的储藏空间演变为实体空间和虚拟空间。与此同时，社会大众的需求也在不断地发生变化，图书馆提供的文献服务已不能满足社会大众对图书馆空间利用的需求。社会大众希望图

▲ 辽宁省图书馆酷雅智慧阅读空间

书馆成为他们生活的"第三空间",成为一个存在于生活中的集学习、交流、体验、休闲、舒适为一体的空间场所。随着现代技术手段和科学管理手段的广泛应用,图书馆空间在藏借阅空间的基础上,不断呈现出多功能、多样化、个性化等相融合的特征,与社会大众之间呈现出高度互动的发展趋势。

## (二)图书馆空间服务形态

图书馆空间服务是图书馆整合自身的资源(包括电子、纸质和网络资源)、人力、技术和场地,为用户提供的人性化、个性化、全方位智慧服务,旨在促进读者自主学习,激发读者的灵感和创新思想,是图书馆改革与发展的方向。社会的进步、科技的发展与日趋精准化、个性化、多元化的读者需求,都对图书馆空间服务提出更高的要求。打造融文化、学习、交流、创新于一体的复合型图书馆空间服务形态,成为图书馆促进功能转型与服务创新的重要途径。

### 1. 文化空间

图书馆是保存文献资源的物理空间,同时也是保存、整理、挖掘和共享资源的服务空间。它一直以来都以公共文化空间的定位出现在大众面前,促进知识文化在用户和图书馆之间的传播,从而使图书馆文献资源中的显性知识和隐性知识得以再生产和有效传承。

对于图书馆的文化空间形态，我们可以从以下两个维度来理解：

（1）从实体维度看。图书馆实体空间表现出浓厚的文化气息、独特的地域特色和深刻的时代特征，通常被视为一个地区或学校的重要标志性建筑和人文景观，传承着人文精神和历史文化。除此之外，图书馆还拥有丰富的馆藏资源，例如地方文献资源、古籍资源及其他特色资源等，这些资源是人类智慧和时代进步的结晶，具有强大的文化底蕴和独特内涵，为图书馆的文化服务和文化创新提供了有力支撑。

（2）为了更好地践行提供文化服务、传播中华文化的职责和使命，图书馆应以专业理论和核心价值理念为指导，积极挖掘文化资源内涵，拓展文化服务方式，引领当地文化建设。当前，图书馆文化服务创新蓬勃发展，例如提供文化志愿服务、致力于地方文化品牌打造等，有效提升了图书馆文化空间的价值和效能。

2. 学习空间

图书馆的纸质资源和数字资源丰富，涵盖学科和领域广泛；配备了完善的学习设备，提供全方位的信息服务；具有浓郁的学习氛围，为用户打造了优质的物理学习空间。除此之外，图书馆也是互动交流的信息共享空间，支持学习、研讨、交流和实践等活动的开展，促进自主式、交互式以及体验式学习的发展。读者不仅可以通过自主学习获取馆藏文本知识的显性知识，还可以在共享空间中获取隐性知识，并通过两种知识相互交融的方式形成自己的知识体系，进而强化了图书馆作为学习空间的意义，让图书馆真正成为"没有围墙的大学"。图书馆正在不断完善馆藏资源建设，探索空间服务重构方案，例如讨论区域、研修室、多功能厅、创意空间以及休闲区等学习空间，意在打破物理空间的界限，提高图书馆在空间服务方面的能力。

### 3. 交流互动空间

图书馆是全社会公民共同拥有的开放共享的文化空间，是一个地区核心价值的具体体现。该空间为读者提供多种交流方式，读者可以从自身需要出发参与不同的交流活动，从中获取感兴趣的信息资源，也可以在交流中与人分享自己的资源，实现共同提高。当前，图书馆开放交流的趋势日益增强，通过设计方案、整合资源、组织引导交流分享活动，完善用户信息与社交网络，以用户需求带动图书馆空间服务的发展，实现服务的主客体共同进步。同时，我们也要看到，信息干扰是信息爆炸式增长所带来的负面效应，让本就参差不齐的公众信息素养水平愈加两极分化，而图书馆的专题讲座、学术沙龙、阅读分享等活动会在不同程度上为消除读者间的信息鸿沟做出了贡献。因此，打造图书馆交流空间可以为公众提供便捷的信息交流平台、拉近读者间的距离、促进信息共享，是当下图书馆的重要发展方向之一。

### 4. 创新空间

随着"双创"成为新发展的核心理念，创客文化和创客运动方兴未艾。在这种背景下，图书馆利用国家财政支持、自身丰富的馆藏资源和完善的服务体系等优势，积极探索众创空间的构建。例如，上海图书馆的"创·新空间"由阅读空间、信息共享空间、创意设计展览空间、全媒体交流体验空间和专利标准服务空间组成；广州图书馆的"创意设计馆"则包括制作区、设计区、交流区、展示区和文献区等；辽宁省图书馆众创空间分为智能会议区、创客办公区、智汇学习区、创新实践区、智能输出区、资料查阅区和分享讨论区

▲ 辽宁省图书馆众创空间

七个功能区域，配有能实现智能会议、无纸化办公的多人互动讨论桌，能进行动画、影视创作的 BOXX 图形工作站，工业级的树脂粉末 3D 打印机等高科技设备，为创客们提供工作空间、网络空间、社交空间和资源共享空间，同时提供知识分享、创意交流、政策咨询、专利检索、产品信息发布等服务。可以看出，图书馆创客空间的追求是知识、学习、分享和创新的价值内涵。构建图书馆众创空间可以引导读者利用图书馆的设施和资源，激发公众勤学善思，提高其创作热情和创造能力，同时也可以促进科技和文化的深度融合发展，深化图书馆的创新服务职能，使图书馆空间服务向着智慧化方向升级。

### （三）图书馆空间再造原则及发展策略

公共图书馆空间再造经历了从传统"书的空间"定位，到"数字空间"重构，再到"第三空间"共识的发展历程，从多个方面重新定义了公共图书馆的服务。有些学者认为，图书馆的空间再造应更加贴近读者的阅读习惯和需求，不仅应该成为本地文化交流与传承的中心和社会学习的平台,而且应该融入互联网思维,从功能架构、要素布局、生态营造等方面构建"智慧"型空间结构形态,以不断处理好多元空间的融合与交互以及空间多元属性的表达与传递。

### 1. 国内图书馆空间再造实践概述

随着社会经济和文化的高速发展,图书馆空间再造的理念逐渐被国人知晓,我国的公共图书馆空间再造运动逐步兴起并达到了高潮。许多公共图书馆在空间再造方面进行了实践和探索,并取得了不俗的成效,范围覆盖全国。例如,苏州第二图书馆打造了苏州文学馆和音乐图书馆等特色馆中馆,并设有研讨区和展览厅等公共文化服务空间,为读者提供了包括休闲、阅读、交流、分享和体验等多种形式的、多元化的空间服务资源;南京图书馆开辟空间建设"国学馆"古籍文化空间,主要展示南京图书馆的珍贵古籍馆藏文献资源及承载相关的阅读与文化活动。"国学馆"内部设计从颜色选择到背景装饰全面贴合服务主题,营造出一种中式国学风的阅读休闲体验氛围;太原市图书馆在馆内建设了马克思书房,是集展览展示、教学讲座、趣味活动、数字阅读等多种功能融一体的文化空间,实现了红色文献的跨领域整合和红色主题阅读推广服务的创新;长沙市图书馆别有创意地构建了长沙人文馆、玩具图书馆、新三角创客空间、多元文化馆、阅读花园和咖啡书吧等多个文化功能空间,空间内功能布局合理,服务设施先进,致力于将图书馆打造成为城市的"文化综合体"。

### 2. 图书馆空间再造的原则

(1)以读者需求为导向的原则

公共图书馆服务的出发点在于最大限度地满足公众日益增长的

精神文化需求，只有确切识别读者的服务需求，才能够提供更具针对性的公共文化服务。图书馆不仅是一个文化设施，而且是独特的、受到市民喜爱的城市公共空间。因此，在图书馆空间再造的过程中，应将按需提供服务作为空间再造应遵循的最基本的原则，注重以读者需求为导向来设计对外服务区域，从空间的规划、布置到阅览桌椅的陈列，都蕴藏着以读者需求为导向的设计原则，如在一楼大厅设计了简餐区、咖啡区、数字阅读体验区，在各个服务区域都设计了读者研讨室，体现了对读者的人文关怀。

（2）效能主导的原则

提升公共图书馆的服务效能是构建公共文化服务体系的新要求。因此，在空间再造的过程中，也要着重对服务效能进行考量，即设施、资源、服务能否与读者需求有效对接，读者对公共图书馆的利用范围、程度、效益能否实现最大化。在图书馆空间布局规划的过程中，最好将少儿服务区、特殊群体服务区、24小时自助服务区、展厅、报告厅等设置在一楼，并设计多媒体体验墙、儿童涂鸦墙、室内园林景观等，努力为读者打造舒适、温暖的空间，体现科学与艺术、技术与人文的交融。通过空间再造，最大限度地提高图书馆的服务效能，吸引读者将图书馆作为终身学习的场所。

（3）惠及全民的原则

公共图书馆是公共文化服务体系的重要组成部分，惠及全民是公共文化服务体系建设的重要目标。在空间再造的过程中，应将惠及全民作为重要原则，充分考虑到对城市与农村、发达地区与贫困地区、普通群体与特殊群体的服务，使公众的基本文化权益得到保障，如特殊群体服务区可为视障读者、老年读者提供服务；少儿服务区可为儿童、少年提供服务；信息咨询服务区可为省委、省人大常委会、省政府、省政协等提供决策咨询服务；同时还积极为进城务工人员、农村留守儿童提供服务。

(4) 为地区经济社会发展服务的原则

图书馆是一个生长着的有机体，在空间再造时，要做出具有前瞻性的规划，以保证为地区经济社会发展服务。例如，为了配合国家提出的"双创"战略，设置众创空间，为企业创新、创业提供设施、资源服务，同时还将企业的创新成果与图书馆服务相结合；设置了东北抗联历史资料馆，将征集、整理、开发东北抗联文献作为地方文献工作的重要内容；同时，围绕"三个推进"积极为地方国有企业提供信息咨询服务。

### 3. 图书馆空间再造发展策略

(1) 打造虚实结合的空间发展模式

现代科技的发展为图书馆行业提供了技术支持，使得图书馆能够实现服务"泛在化"的目标。这种服务模式的最显著特点是无处不在，不受空间的限制。因此，图书馆需要发展与之相配套的服务模式、增加服务项目和服务场景等内容，以支持"泛在化"的发展趋势。常见的"泛在化"的服务模式包括提供无线网络的自由空间、智能互联的全方位阅读、智能载体的实时体验、24小时的自助借阅、数字媒体的融合平台、大屏触控的信息幕墙等。图书馆可以通过网络方式随时随地为用户提供"泛在化"服务。在"互联网+"和"云计算"的背景下，各个图书馆之间的合作不再受地域限制，资源和服务可以共建共享，让读者在不知不觉间享受到了图书馆提供的数字文献保障服务。当前阶段，读者前往图书馆已经不再仅仅是为了借书或阅读而来，他们或许只是想利用图书馆提供的无线网络或进行一些智能体验。这些新的需求都体现了图书馆的价值，并成为吸引用户利用图书馆的一个理由。

（2）提供分众化空间服务

作为处于现代网络环境下的新型文化服务机构，图书馆可以为特定读者群体提供个性化空间，例如家庭作业空间、考研学习空间、资格考试学习空间等，以满足不同读者的需求。伦敦的"概念店"是一个很好的例子，它不仅强化了社会教育的主要职能，而且还根据不同群体的需求细化服务模式，利用图书馆所拥有的大量信息资源、教育设施和舒适环境，提供分众化服务。图书馆还可以为用户提供更多的个性化交流空间，例如少儿体验区、老年人阅览区和数字化服务区等。此外，共享空间在近几年也引发重视，图书馆可以为读者提供氛围十足的包括网络、场地和工具的专门空间，让志同道合的读者聚集在一起，激发他们的创造性和设计灵感。读者也可以将各种创意工具带到图书馆进行交流和切磋。无论是新馆空间的设计还是旧馆空间的改造，要建造成为一座现代化的图书馆，都必须充分利用现代科技的条件，秉持分众细化的服务理念，以人为本，为读者提供更加个性化、贴心的服务。

（3）构建双向互动的空间服务体系

体验互动理念和"第三空间"理念是相互关联的，它们都是建立在"互联网+"技术支持下的一种新的认知。这些新技术不仅变革了图书馆的服务内容和服务模式，也增加了用户的参与程度。互动空间更加强调图书馆与读者之间的双向交流，不仅仅是图书馆单向提供信息给用户，同时也可以通过与用户的实时互动得到反馈信息。

图书馆不仅可以提供现实空间中的阅读、竞赛、讲座、展览、研讨、交流等互动体验，还可以提供粉丝点评、个性推送、图像传递、视频欣赏、远程咨询、网络直播等网络空间的互动体验。体验互动空间除了满足读者的服务需求，还为读者带去了良好的情感体验，让读者在良性互动的过程中建立起舒适感和归属感，尤其是各类新科技体验还让读者感受到服务的平等与泛在。例如，2021年开放的国家图书馆新阅读空间——"沉浸式"阅读体验区，《永乐大典》VR产品首次与读者见面，这是基于国家图书馆馆藏的《永乐大典》，利用文字、图片、音视频、展览等资料，采用"5G+VR"技术集成4K/8K全景视频拍摄、三维动画制作等技术手段，让书写在古籍里的文字活起来，为广大读者打造身临其境、跨越时空的文化体验。

## 二、公共图书馆传统文化空间构建

### （一）传统文化空间

传统文化空间是集思想、文化、审美、休闲等多种元素为一体的阅读空间和休闲驿站，读者在这里可以阅读中华传统文化经典图书、欣赏传统文化文创产品，还可以以书会友，进行文化沙龙等活动。已有一些图书馆通过专门的服务空间开展中华优秀传统文化的传播推广。例如，国家图书馆国图书房、吉林省典籍博物馆、江西省典籍博物馆、南京图书馆国学馆等，为走进图书馆的广大读者提供了更加专业、全面、多元的服务。

经典阅览室是公共图书馆打造传统文化空间的典型范例。有关图书馆经典阅览室建设的呼声最早可以追溯到2008年的"世界读书日"。当时,北京大学信息管理系主任王余光教授在深圳图书馆"为读书与人生"系列专题讲座上建议各地图书馆应增设经典阅览室。随后,他的演讲稿被《光明日报》刊登,并在其中强调了经典阅读对于读者的重要性。他提出了关于为什么要设立经典阅览室以及如何建设经典阅览室的可行性建议,包括空间功能的设计、经典书目的选择、经典阅读活动的开展以及馆员的配置等方面。由此,公共图书馆开始重视经典阅读,并试图设立经典阅览室来鼓励和指导读者的阅读。

### (二)传统文化空间的功能

#### 1. 存在即育人

习近平总书记多次指出,要"努力用中华民族创造的一切精神财富来以文化人、以文育人"。中华传统文化所倡导的思想包括:爱国主义、进取精神、民本思想、诚信意识、生态理念、人际交往法则和国际交往准则等。这些思想都深刻蕴含了关注仁爱、民本、诚信、正义、和合、大同的理念,是中华文明传承和发展的优秀精神和基因。这些思想不仅坚持经世致用的原则,注重发挥文化教化功能,将对个人、社会的教化与对国家治理结合起来,是文化育人的宝贵资源。在面对众说纷纭的所谓"预测""挑战""趋势"的时候,图书馆人应理性看待,既要拥抱现代文明作为服务之"器",同时也要保护作为源头活水的传统文化之"道",使读者从图书馆获取更多的知识和启发。在当今信息泛滥的社会中,公共图书馆应积极创建传统文化的空间。通过精心挑选馆藏、推荐主题、整合智力资源,引入社会力量,举办与思想文化密切相关的各种活动,公共图书馆能够吸引更多的读者,激发读者的兴趣和思考,让他们在特定的氛围中感受到国学所蕴含的传统文化之美达到文化育人、空间育人的目的。

**2. 提供经典阅读空间**

对很多读者而言，阅读经典文献具有相当的难度。读者需要在纸质经典读物中静心专研、深度阅读，才能更好地理解其内涵。纸质阅读通常与特定的空间相关联。在过去，传统的家庭书房是家人修身养性、追求知识和智慧的场所，是文人雅士心灵寄托的空间。可以说，书房在家庭经典教育中扮演着至关重要的角色。如今，家庭书房已经基本消失，家庭藏书也变得不再寻常。而图书馆的经典阅览室不仅可以提供经典读物，还为读者配套了阅读纸质经典文献的空间，这是设立传统文化空间所要解决的第一个问题。通过创建经典阅览室，图书馆延续了中国传统家庭书房的功能。在浓郁的经典氛围熏陶下，一方面可以培养儿童从小开始的阅读习惯和兴趣，另一方面也为读者提供了一个适合深度阅读经典的专用空间，让人们在家庭休闲日里能够有一个理想的去处。除此之外，经典阅览室也为读书沙龙、传统技艺展演等经典阅读活动提供了必要的空间环境，从而在书目选择上引导读者阅读有价值的书籍。

**3. 提供经典阅读指导**

设立经典阅览室所针对的第二个问题是对儿童阅读和经典阅读的指导。对于儿童来说，家长和馆员应该协助他们选择适合的读物。同样地，对于一般读者来说，也需要有关辨别古今中外图书之精华与糟粕的指导。历史上，前辈学者开具了大量的推荐书目，从唐末士子读书目到20世纪以来的知名学者如梁启超、胡适所编写的一系列书目，都具有时代性和思想性的特点。然而，随着时间的推移，推荐书目的效力逐渐减弱，这也要求图书馆制定适用于当下读者阅读的书单。因此，传统文化空间不仅提供一个阅读空间，更重要的是提供一个指导读者阅读经典的机构，其主要任务是指导读者阅读经典读物。

### （三）构建传统文化空间路径探析

#### 1. 空间设置："硬装修"与"软装饰"兼顾

（1）氛围营造

在构建传统文化空间时，图书馆应认真考虑如何打造融国风元素与空间美学于一体的阅读环境。对于读者来说，由于家庭条件的限制，他们可能无法在家中划分出一个专门的区域用于阅读，公共阅读空间恰好可以弥补这个缺憾。因此，公共阅读空间的装饰装修显得尤为重要。公共图书馆在建设传统文化空间时应借鉴并吸收古代藏书楼和书房的中华传统阅读文化特点，打造一个舒适、雅致、轻松的阅读氛围，并在此基础上赋予其多元价值与功能,包括文化性、实用性、交流性等。

在对传统文化空间进行功能区划分时，公共图书馆需要充分考虑动静区域的分离，尤其要注意自由交流的空间的设计。一些西方图书馆采用相对封闭但透明的空间来供读者进行学习和交流，这样既不会干扰到其他读者，同时也能让几个好友"奇文共欣赏，疑义相与析"。除此之外，公共图书馆还需要设置相对宽敞的区域，以开展各种经典阅读交流活动，例如讲座、读书会、学术沙龙以及庆祝作者诞辰日、世界读书日等与经典相关的热点纪念日品读活动。

在建设经典阅读空间时，图书馆还应结合阅读心理研究和空间设计研究，进一步考虑色彩搭配、灯光布局和家具选择等一系列可能影响读者阅读体验的因素,让读者能够沉浸其中,感受阅读带来的愉悦。

(2)图书遴选

除了氛围营造以外,遴选经典书目用于传统文化空间集中展示更是重中之重。经典阅览室中的书籍主要可以分为两类。第一类是中外经典,关于经典的定义,古今中外已经有很多论述。总的来说,经典作品应该是被广泛接受、具有广泛影响力且历久不衰的作品。阅读推广专家王余光教授推荐了一些书目,如《中国读书大辞典》《影响中国历史的三十本书》《中外推荐书目一百种》《中国读者理想藏书》和《中国家庭理想藏书》等,供图书馆在书目遴选时参考。第二类经典是乡贤著述,由图书馆自行把握。乡邦先贤的著述是一个地区文化发展的代表,图书馆可以利用自身的地理优势,对所在地区的乡贤著述进行精选和展示。这样做不仅可以增强读者对本土文化的自信心,还可以让读者更容易地接触到与其生活环境和习俗更贴近的内容,因此受到广泛欢迎。

2. 服务模式:版本、书目、荐书、活动并重

(1)经典书籍版本多样化

传统文化空间内展示的书籍本身便具有指导经典阅读的作用。公共图书馆应该对中外经典和乡贤著述文献进行合理的摆放布局。在图书陈列时,应该明确区分这两类著作,以引导读者更有效地进行选择。同时,对于遴选出的每一部经典,公共图书馆应该选择多种优秀版本供不同的读者选择阅读。例如,《古文观止》有许多版本可供选择。就近年出版的两个版本而言,南京大学出版社的《古文观止》大字注音全本有题释、拼音大字正文、注释,更适用于中

学生阅读；而中华书局出版的《精校评注古文观止》则更适用于具有一定基础、想要更深层次阅读、学习古文的读者。

（2）经典阅读推荐书目系统化

对于"读什么经典"这个问题，存在许多争议。1923年，胡适先生和梁启超先生分别编撰了一份国学阅读推荐书目。梁启超先生对于胡适先生所提出的最终稿《实在的最低限度的书目》进行了批评，认为其"文不对题""博而寡要""罣漏太多"。推荐书目易受所处时代背景的影响，且不可避免地带有个人主观性。针对这个问题，公共图书馆做了大量的探索性工作，注重推荐书目发布的系统性，以更加全面具体地指导读者阅读经典。公共图书馆是非营利机构，其发布的书目比营利性机构更加可靠和有说服力。例如，黑龙江省图书馆龙江书院每年推出《家庭经典阅读书目》，指导家庭收藏和研读，为打造书香家庭做出贡献；沧州图书馆每年在狮城读书月组织专家推荐30本经典图书，编制并发布《遇见经典——狮城读书月推荐书目》，受到读者和家庭的关注，对传播中华优秀传统文化起到了一定的推动作用。

（3）经典阅读刊物栏目多元化

图书馆可以通过编撰内部刊物的形式，深入进行经典阅读推荐书目的阅读推广。例如，深圳图书馆的《行走南书房》阅读交流刊物，基于其所发布的《深圳图书馆南书房家庭阅读经典书目》，特设"经典讲坛""名人谈阅""经典重现""经典品读""馆员书评"等栏目，其中"馆员评书"栏目由深圳图书馆馆员提供书评，通过馆员带头阅读经典推荐书目、撰写书评，为读者提供更贴近本地读者思考和阅读的指导。除此之外，图书馆还可以在刊物中详细介绍每一本著作的优秀版本，选择作者生平、著作内容、名家推荐等关键内容进行导读提要。即使许多图书馆受到条件等因素的限制尚未能设立经典阅览室，它们仍可以编撰与阅读推广相关的内部刊物，并将其放置在阅览室供读者随意取阅。

（4）经典阅读推广活动多样化

深圳图书馆以"南书房"经典阅读空间为活动平台，每周组织"深圳学人·南书房夜话"沙龙活动。此外，深圳图书馆还举办多种形式的经典阅读活动，包括主题征文、主题展览、专题讲座等。沧州图书馆的"遇书房经典阅览室"推出了多种系列阅读活动，包括"中华传统文化大讲堂"、"遇鉴"读书沙龙、"国学讲读"、"经典读书课"和"经典导读班"等，旨在深入挖掘和传承中华传统文化，提高读者的阅读素养和阅读体验。南京图书馆的国学馆则每周定期举行国学经典阅读系列讲座，推荐和展示国学经典书目，注重营造国学经典阅读氛围，深化读者的阅读感受。通过这些活动，南京图书馆致力于传承和弘扬中华传统文化，提高读者的文化素养和阅读水平。

除了上述列举的经典阅读活动，公共图书馆还可以选择某位作家的诞辰纪念日或与经典阅读有关的重要时刻，将有关作品加以展示和陈列，以增强读者的认知和兴趣。此外，图书馆还可以以某本经典著作为主题，开展递进互补的阅读推广活动，引导读者阅读传统经典原著；提供优秀的释义版本，以协助读者理解；还提供与著作相关的研究书目，以深化读者的了解。这些书目也可以进一步成为经典阅览室经典书目的更新与补充。

## 三、公共图书馆构建传统文化空间实践案例

### 1. 深圳图书馆"南书房"经典阅读空间

2013年11月,以"南书房"命名,以推广人文阅读、经典阅读、系统阅读、深阅读为使命的家庭书房式的阅读空间在深圳图书馆诞生。"南书房"经典阅读空间约300平方米,设计风格时尚、典雅、简约,配置有精心挑选的中外文史哲经典书籍6000余册;全年365天、每天7:00—23:00开放;策划经典阅读推广系列活动。"南书房"集阅读引领、思想交流与图书馆服务宣传展示等功能于一体,"扬经典阅读之风,弘优秀文化之善",市民在这里可以驻足心灵,品味经典,触摸历史,穿越时空,与先贤对话,与智者交流。"南书房"经典阅读推广活动如下:

(1)"南书房"家庭经典阅读书目

2014年初,深圳图书馆与中国图书馆学会阅读推广委员会联合策划启动"南书房家庭经典阅读书目"推荐项目。从2014—2022年,

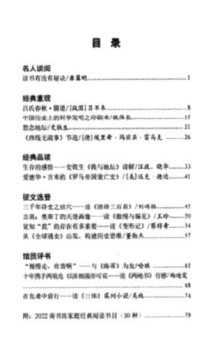

▲ 深圳图书馆《行走南书房》杂志

深圳图书馆已连续九年"世界读书日"发布 30 种书目,预计达到一般家庭经典书架的基本容量。书目注重人文性、经典性和可读性,打造家庭阅读"够得着的经典",通过家庭这个社会细胞引领社会阅读风气。配合书目推荐,在"南书房"开展了推荐图书书目展、推荐图书版本展、获奖征文展、经典图书导读讲座、沙龙系列活动,吸引读者参与其中。

(2)经典诵读与演绎

南书房经典阅读书目定位于广义的经典,初期的 6000 多册藏书中,相当部分是权威机构评选出的获奖图书,虽然尚未经过时间淘洗,但应是普遍意义上的"好书"。相应地,近年围绕各类经典与好书,深圳图书馆联合社会各界开展了丰富多元的经典作品的诵读、演绎活动。品读方式有诵读、吟唱、演奏、舞蹈等形式,如举办"风·雅·颂——诗经原创主题音乐会",引领读者体验《诗经》歌赋的创作源头,立体呈现《诗经》之美;再如,每个周末举办吟诵活动。"南书房"专门收藏了一批适合诵读的大字本图书,既包括中华传统经典,也包括近现代中外经典美文。每逢周末,由民间阅读组织训练有素的志愿者负责领读,大人、孩子自由参与,跟随诵读。此外,还推出由经典名著改编的电影欣赏、以演员朗读对白演绎经典名著的"读剧"和"经典诗文朗诵"等系列活动,营造经典诵读与演绎的氛围。

(3)"深圳学人·南书房夜话"

"深圳学人·南书房夜话"文化沙龙,主旨是:搭建交流平台,促进思想交锋;贴近市民公众,打造学术品牌;物化思想成果,推动学派构建。在形式上,以各学科领域为依托,以深圳本土学人为主体，由嘉宾主讲或由其邀请同道开展对话，读者自由参加并参与互动交流。在内容上，立足学科背景，结合深圳本土实际，以现实问题为切入点，实现理论与实际、历史与现实、学者与大众的融合，进一步兴盛鹏城求学问道之风。"深圳学人·南书房夜话"文化沙龙首场于2014年11月举行，著名文化界、学术界人士参加对话，并与观众互动。深圳大学国学研究所还委派学生参与，将大学课堂部分内容引入公共图书馆，使学术走出象牙塔，与市民互动。每期夜话的文字记录由《深圳商报·文化广场》整版推出，引发社会广泛关注，提升了文化辐射力。

结合以上介绍，总结深圳图书馆"南书房"经典阅读空间特色如下：

①以空间再造搭建传统文化一站式平台

"南书房"利用现代科技，在服务方式上大胆创新，全年365天早7点至晚11点连续开放；采用"全开放、全自助"、馆员不在场的管理模式，使读者与书籍、知识自在地融为一体；是各类品牌活动陆续开展的阵地；也是宣传教育的窗口，设置导览牌、显示屏，通过温馨提示、视频播放等方式展示图书馆服务内容，引导读者文明阅读，由读者与幕后馆员共同塑造环境优雅、秩序井然、和谐温馨的文化空间。从实践效果看，"南书房"改造初衷顺应了读者需求，彰显了图书馆馆藏优势、空间优势、人才优势，取得了良好效果。自开放以来，数百场各类活动秩序井然，读者阅读安静又自在，成为深受市民喜爱的思想交流平台、展示城市较高文明程度的公共文化空间。

②以推荐书目打造家庭经典藏书示范

"南书房"经典阅读尤其关注家庭。在文献配置上，倡导人文阅读，藏书以优秀文史哲书籍为主。书架上摆放的既有制作精美、普通家庭难以收藏的大部头，如《钦定四库全书荟要》、《丛书集成初编》、"二十四史"，也有权威机构推荐的优秀图书，如"国家图书馆文津图书奖""茅盾文学奖"获奖图书，深圳读书月推荐的历年"年度十大好书"；在书目推荐活动中，定位为"家庭经典阅读书目"，在阅读的出发点、内容、版本、成长性等方面充分考虑家庭特点，并创办《行走南书房》公益刊物，引导读者直面经典，有效带动家庭阅读。"南书房"在设计风格上贴近家庭书房，色调清新，既有阶梯状长凳，也有落地窗边的舒适座椅，中国风橘色灯座和朱砂色墙壁给人古典厚重的感觉，流线型的白色书架、隔断与疏密有致的绿色植物又带来清新时尚之感。在"南书房"，读者可体会到在家一样的自在舒适，享受阅读名篇佳作带来的充实与快乐。

③以"图书馆+"探索创新发展新模式

"南书房"探索"图书馆+"发展新模式，与一切有意愿、有能力且志同道合的社会机构、团体与个人合作，以最少的财政投入使图书馆的智慧能量充分释放。在展出文献上，部分本地学术文献是向深圳市社科联、深圳大学等重点科研机构和专家学者征集而来，如深圳大学著名教授胡经之、深圳市美学家彭立勋向深圳图书馆捐赠了全部个人学术成果及部分珍贵著作手稿、重要书信往来等，部分公开出版物在"南书房"展墙上集中展示。在推广活动上，积极寻求与机构、团体、专家学者合作举办经典阅读、学术沙龙、公益讲座，形成社会教育的合力。比如，"南书房家庭经典阅读书目"与中国图书馆学会阅读推广委员会联合举办；"深圳学人·南书房夜话"与深圳市社会科学院合办，深圳大学国学研究所、《深圳商报·文化广场》全力支持,还得到深圳市宣传文化事业发展专项基金资助;经典诗文朗诵会与市朗诵家协会合办;其他众多活动与深圳读书会、深圳诗乐会、三叶草公益小书房等民间阅读组织合作;活动开展、读者引导等工作则得到图书馆志愿者支持。在"互联网+""文化+"时代,跨界与融合成为社会发展新形态,以图书馆资源、空间、平台为核心的"图书馆+"发展模式在"南书房"运作中得到很好的实践,成为图书馆整合社会力量创新发展的新路径。

"南书房"经典阅读空间的成功运作得到社会各界广泛关注与肯定。现代文明自身的问题越来越多,亟须从传统文明中获得帮助,任何伟大的学说随着时代发展都应返本开新。回归人文阅读,回归经典本身正是为了建构新的文化。"南书房"建设及其经典阅读推广是图书馆人致力于文化深耕的一种尝试。假以时日,当我们的文化土壤聚集更多能量时,公共图书馆将成为人们更乐于栖息的精神家园。

**2. "公共图书馆+书院"传统文化空间**

随着"国学热"的兴起,公共图书馆通过空间服务重构积极传播和弘扬中华优秀传统文化,"书院"就是其中最具代表性的模式之一。"图书馆+书院"的内涵即是:着眼于弘扬中华优秀传统文化,以让书写在古籍里的文字活起来为核心,以创新公共图书馆服务模式为依托,在借书藏书功能基础上,有效整合资源,凸显成风化人的功能,把图书馆建设成为文化重镇和精神殿堂,弘扬中华优秀传统美德,营造向上向善的社会风尚。针对"图书馆+书院"模式的实践,举例如下。

(1)大连图书馆白云书院

2000年,大连图书馆设白云书院,采取多种形式开展国学阅读推广，具体包括：一是创新国学教育的形式。白云书院将国学展览、讲座和研讨等要素融合在一起，形式与内容并重，通过改造装修院舍、布置明式家具、学子着蓝布国服等一系列举措，大力推广国学教育和传统文化传承。二是创办国学出版物。白云书院创办《白云论坛》作为书院的官方出版物，《白云论坛》刊发了国学爱好者的研究成果，提高了读者参与书院活动的积极性，也促进了国学资源的利用与创新。三是组建吟唱团。吟唱团是白云书院最具特色的传统文化推广形式，少儿吟唱团用辽北方言吟唱经典内容，在世界读书日、研讨会、春节等期间集中表演，用更加活泼的方式弘扬了传统文化。

（2）山东省图书馆尼山书院

尼山书院坐落在孔子诞生地曲阜尼山之上，始建于宋庆历三年（1043），元时重修，是中华优秀传统文化的重要符号。2014年5月12日，山东省文化厅正式印发《关于在全省创新推进"图书馆+书院"模式建设"尼山书院"的决定》，提出在全省创新推进"图书馆+书院"的公共文化服务模式，在各级图书馆建设尼山书院。山东省各级图书馆尼山书院采用统一的建设与服务标准：在设施布局上，做到"六个一"。即全省各级图书馆"尼山书院都有一个统一标牌，一尊孔子像，一个国学讲堂，一个道德展室或展板，一个国学经典阅览室或阅览区，一个文化体验室或活动区；在活动内容上主要有"五个板块"：一是经典诵读，二是国学普及，三是礼乐教化，四是道德实践，五是情趣培养。

（3）福建省图书馆正谊书院

正谊书院的前身是"正谊书局"，始建于1866年。后在沈葆桢等人的建议下改名为正谊书院，是享誉八闽的清代福州四大书院之一。1913年，福建省图书馆迁入正谊书院原址，此后，书院隶属于福建省图书馆，2015年1月25日，正谊书院重新对外开放，服务对象主要是青少年。以弘扬优秀传统文化为目标开展一系列阅读推广活动：一是开设国学教育课程。书院自行编订了一套适合少年儿童阅读的国学教材，围绕主题开班授课，对能够完成学习任务的孩子颁发结业证书及相应奖励。二是开设面向全民的国学系列讲座。如青少年国学系列讲座、中华必读古诗词系列讲座、黄帝内经精选一百句等专题系列讲座。三是利用节假日开展传统文化活动，举办展览、传统手工艺展示等活动。通过精心设计的课程内容、多元丰富的形式，让更多的青少年、家长与广大市民通过正谊书院接触传统国学，感受传统文化的魅力，不仅增强了的体验感和兴趣，而且产生了较具影响力的品牌效应。

综上，政府与文化机构创办的书院，把传统与现代相结合，承载了中国古代书院的修书、编书、讲学、学术交流、传道等传统功能，是中国古代书院精神的再现，既体现了传承、传授和传播传统文化知识的薪火相传功能，也彰显了师生平等互动以及书院择师、学生择院择师的优良学术氛围和治学精神。由于这些书院生源广泛，来自社会不同阶层，不同年龄段，更体现了古代书院的大众教育和"终身教育"精神，对当代中华优秀传统文化复兴和树立中华文化自主意识的培育起到积极作用。

"公共图书馆+书院"的模式将现代图书馆与古代书院相结合，具有空间人文性、资源整合性、内容针对性、活动多样性和方式创新性等特点。

(1) 空间人文性

书院是我国古代特有的文化教育机构，在文脉传承和人才培养等方面发挥了不可替代的作用。一般而言，书院保持了传统的建筑风格和装饰布局，具有很鲜明的文化特色。如书院多选择建在一些山林胜地，其亭台楼榭和园林绿化散布于书院建筑群的周围，营造了一个幽静清雅的学习环境。开展"公共图书馆+书院"的模式，可以利用书院的传统建筑对书院内部空间进行设计和再造，保持书院传统建筑风格的同时能够将书院改造成具有鲜明特色的地域文化传承和交流中心，给予用户更加温馨也更有文化的阅读环境，充分体现了空间的人文性特征。

(2) 资源整合性

"公共图书馆+书院"模式可以基于图书馆和书院现有的资源，充分整合其他各方力量，开展多类型的阅读推广活动。书院以讲学育人为目的，但是讲学育人的前提是有丰富的教学资源——书籍。因此，不管是在哪个时代，各种类型的书院都非常注重藏书工作，书籍是书院教育不可或缺的重要条件。图书馆以保存人类文化遗产、传播文化和开展社会教育为目的，同时也收藏了大量的文献资源。开展"图书馆+书院"服务，可以整合书院和图书馆的空间资源和文献资源，更大范围地促进资源的利用和文化的传播。例如，公共图书馆可以将书院古籍资源数字化，利用多媒体投影、屏幕瀑布流等设备展示古籍资源，促进古籍资源的合理利用。

(3) 内容针对性

公共图书馆是传播和弘扬中华优秀传统文化的机构，也是中华优秀传统文化服务体系建设的重要组成部分，更是展示地方特色文化的重要窗口。"公共图书馆+书院"的模式可以借助书院的文献资源有针对性地开展中华优秀传统文化内容服务,让服务的内容更具针对性。例如,公共图书馆可以利用书院的古籍资源开展经典阅读系列活动,设计经典诵读、手抄经典、做一本古书、经典朗诵比赛等活动,将经典读物与现代服务形式相结合,塑造出图书馆的服务品牌。

(4) 活动多样性

"公共图书馆+书院"的模式集传统文献借阅、展示、研讨三项功能于一体,公共图书馆可以借助书院开展多种多样的阅读推广活动,服务形式和服务内容也不再局限于图书馆的传统活动,其服务模式具有活动的多样性特征。例如,尼山书院依托文献资源和文化品牌,打造了"国学讲堂""经典诵读""公益课堂""国学夏令营"等服务品牌,这些服务品牌从各方面弘扬了我国传统文化,推动了全省的阅读推广工作。因此,将公共图书馆与传统书院相结合,能够基于公共图书馆现有的服务形式进行活动的创新,让公共图书馆的阅读推广活动更加多元和多样。

(5) 方式创新性

从公共图书馆现有的模式看,现阶段图书馆都是以图书馆为推广的主体,活动的设计和开展也以图书馆为主。"公共图书馆+书院"模式则是图书馆在弘扬和传承中华优秀传统文化上的创新,带动了图书馆服务方式的变革,公共图书馆走出馆门,到各个社区、乡镇、分馆中开办儒学讲坛,增强了中华优秀文化的凝聚力、影响力和创造力。此外,公共图书馆与书院合作开展的一系列活动,延伸了图书馆服务的范围,创新了图书馆服务手段,增加了传统文化的趣味性。

传统文化对于用户而言不再只是一些冷冰冰的名词，各种丰富多彩的活动拉近了用户与传统文化的距离，让用户在不断体验中获得对传统文化的热爱。

### 3. 南京图书馆"国学馆"传统阅读推广空间

近年来，南京图书馆一直致力于宣传中华优秀传统文化，提倡历史文献的阅读推广，并于 2016 年建成开放了国学馆，是国学阅读推广的典范例证。

（1）功能布局

南京图书馆国学馆目前占地近 4000 平方米，在丰富的古籍馆藏的基础上，辅以海量的开架图书，以雄厚的资源优势，为读者提供阅览、咨询等文献服务。国学馆的功能布局中，包含了"虚壹以静"历史文献原本阅览区、"惜阴堂"四库系列丛书、"玄览堂"珍本展呈接待功能区以及大面积的古籍影印本、民国影印本开架阅览区。无论是研究型的学者，还是泛泛浏览的普通国学爱好者，都可以在

▲ 南京图书馆国学馆惜阴堂

国学馆享受专题空间，获取对应资源。

（2）资源配置

目前，国学馆提供50000册古籍新印本、40000余册新印民国文献、10000余种"新国学"类书籍。古籍新印本内含历代文集著作、史料汇编、家谱及各类大型古籍丛刊，规模宏大，种类丰富，为研究传统国学的读者提供丰富的素材。新印民国文献除各类大型专题性影印丛书外，还包括《申报》《大公报》《中央日报》《民国日报》等民国时期"四大报"影印本，并增添了《红藏》丛书、哈佛大学图书馆藏中国海关史料、近现代女性学术丛刊等最新史料及研究成果，对研究民国时期社会文化发展具有重要的文献参考价值。新国学区书籍精选历代经典著作，以古籍点校本、国学研究书籍为重点，力争全景展现中华文化的博大精深，推动国学的普及与共享。

（3）服务内容

国学馆的服务内容除了包含图书的查询借阅外，同时，为强化社会教育的功能，国学馆也针对不同读者群体开展丰富的国学体验活动，如举办"吴风汉韵书中寻""柳絮才高——馆藏江苏古代妇女著作展""《庄子》版本展"等多项独具特色的展呈活动；编印国学书目导读；开展"陶风书话""古籍探秘""漫游文史数据库"等读者交流的品牌活动。

（4）服务成效

"国学馆"作为南京图书馆推广经典优秀文化的基地与窗口，自2016年10月12日正式对外免费开放以来，引发社会各界广泛关注。一年间，为国内外学者、研究机构、出版社提供古籍和民国原本近万部、缩微胶卷千余种、数字扫描资源上万种。截至目前已累计接待读者近3万人,各省、市机关及企事业单位、学校、其他社会团体参观百余批次,总接待量呈增长趋势,获得了社会各界的肯定与读者的热情赞扬。

**4. 江西省图书馆"红色图书馆"主题空间**

红色图书馆是江西省图书馆基于"第三空间"理念打造的主题空间,确立了"阅读红色经典、传承红色基因"的主题定位及"体验感受、交流互动、知识传播"的服务方式,打造集阅读学习、交流体验、展示互动等多元服务于一体的公共文化空间。

(1)空间设计的体验感

红色图书馆将先进理念、新兴技术、空间美学融入主题空间建设,推动空间趋向功能化、体验化、舒适化,强化读者的体验感,以此提升空间对读者的吸引力。

其一,动静相宜的体验空间。红色图书馆在空间设计上突破公共图书馆传统的静态模式,根据动静分离的原则科学分区,使其可同时开展面向单个读者的阅览服务和面向群体读者的阅读推广活动,

▲ 江西省图书馆红色图书馆

有效提高了空间的利用率和读者的服务体验。

其二，科技赋能的体验空间。红色图书馆创造性地将虚拟现实、投影拼接等技术应用于红色主题阅读推广服务，引进球幕影院、VR体验、虚拟拍照等先进设施设备，塑造沉浸式体验空间，提升了读者的临场体验。

其三，功能多重的体验空间。红色图书馆借鉴Oodi中央图书馆"书的天堂"的空间再造经验，在功能设计上除了具备基本的藏阅功能外，还兼备影片观赏、互动体验、交流学习等功能，如开设球幕影院、VR体验空间、多媒体学习教室等，最大程度地满足了读者多元化的红色文化需求。

（2）空间资源的多元化

红色图书馆致力于提供最新的特色化的红色文献资源，其资源由纸质文献、数字资源和体验资源构成。

其一，注重纸质文献的动态化更新。红色图书馆只陈列近年的纸质红色文献，主动加快藏书的动态化更新，提高文献的利用率。

其二，以江西红色文献为数字资源建设重点。网络环境下，大量传统资源数字化，数字阅读已成为主流阅读方式之一。红色图书馆努力丰富阅读载体，提供多元阅读方式，以江西红色文献为重点，加强馆区数字资源建设，通过自建、购买等多种方式拓展数字资源的内容和种类，现已初步形成江西开国将军、江西四大摇篮、江西革命旧址等专藏体系。

其三，多形态的体验资源。红色图书馆注重读者的体验感知，建设了由球幕影院、定制版"红色江西"球幕影片、重温入党（入团、入队）仪式宣誓墙等构成的体验资源。

（3）空间服务的多样性

红色图书馆的建设目标是建成集学习空间、交流空间、展示空间、互动空间于一体的"第三文化空间"。红色图书馆围绕这一建设目标，充分依托主题空间优势，策划并开展了一系列红色主题阅读推广服务，以深化主题空间的内涵与价值，提升服务效能。

其一，"主题＋体验互动"的服务模式。红色图书馆整合馆内资源，开发了融仪式感、体验感、情景式、交互式于一体的场馆服务套餐，实现了立体多维的红色主题阅读推广服务，提升了读者的参与感、认同感与获得感，吸引了越来越多的读者走进红色图书馆。

其二，线上线下的服务融合。红色图书馆一方面在线上开通了场馆和球幕影院预约服务，帮助读者便捷利用线下服务；另一方面，在线上开展了与线下服务相呼应的书目推荐、展览讲座等，促进了线上线下服务的良性循环与互动。

其三，向内向外的服务延伸。随着读者需求日渐多样化和专业化，红色图书馆开展了向内延伸服务，包括邀请党史专家举办党史讲座以及由读者主导的红色主题学习交流平台服务，读者通过预约使用活动教室开展红色阅读交流、研讨活动等。此外，红色图书馆还通过分馆建设、活动开展、资源支持等形式将主题服务延伸至馆外。

综上，红色图书馆遵循人性化设计原则，注重主题空间的体验感，为读者提供多元的主题资源和多样化的服务，较好地满足了读者的红色阅读需求。

### 5. 太原市图书馆"马克思书房"红色阅读空间

太原市图书馆在2017年完成扩建重新对外开放后备受读者青睐，快速"走红"，成为业界著名的公共文化服务空间。红色阅读空间"马

▲ 太原市图书馆马克思书房

克思书房"是在马克思诞辰 200 周年之际，太原市图书馆打造的一个红色主题空间，其服务效能取得了超出太原市图书馆其他文化服务空间十几倍的卓越成效。

"马克思书房"是全国首个以红色思想为主题的图书馆阅读空间，空间功能并不是完全独立分明的，而是彼此交融的。各个空间相互成就，取得了一加一大于二的成效，以有限的空间打造出了具有无限潜能的主题书房。"马克思书房"的空间功能可大致概括为展示空间、阅览空间、研讨空间、体验空间、活动空间 5 种。展示空间功能为展览马克思形象、马克思相关著作及习近平总书记的"奋斗幸福观"金句等，以直观的视觉冲击向读者展现马克思刻苦勤奋、孜孜不倦求索真理的伟大形象；阅览空间为读者提供了大量的纸质及电子文献和温馨美好的阅读氛围，红色文献种类数量众多，且文献分类详细易查找；研讨空间为读者提供了具有时代感、设计感的交流讨论空间；体验空间为读者提供了抒发感悟、沉淀所学的空间；

活动空间结合线上、线下两种方式，通过开展各种宣讲、学习活动，传播红色思想。

"马克思书房"一经设立，迅速成为社会各界开展红色活动的重要平台。除了社会各界的参观学习活动，太原市图书馆也积极探索以"马克思书房"为平台开展馆内思政教育活动。其中，品牌思政课"少年公开课"得到中宣部领导的充分肯定。太原市图书馆"马克思书房"是一个十分成功的"文献集中收藏，空间功能叠加"的公共图书馆主题服务品牌空间再造案例。

### 6. 辽宁省图书馆历史文献服务空间

辽宁省图书馆历史文献区的结构布局参考文献整理保护工作与阅览服务读者群的特点，一改以往单线性面对单一类型读者进行关照的问题，将多类型读者并行考虑，进行空间区域设置，做到有统有分、功能多样、灵活开放，在创新服务内容、拓展服务形式的基础上，提升历史文献服务的普惠性与学术性。

（1）结构布局与风格特点

图书馆空间布局不仅影响图书馆服务的开展，更是构建新型服务体系必须要考虑的重要方面。随着读者不断增长的空间需要与新时期文化需求的多样化，传统的区域空间布局已经无法满足，因此应对这种空间需求的变化，新馆历史文献区在空间设置上进行了相应的变革。

①结构布局

辽宁省图书馆历史文献区整体分布在馆舍三楼，因其文献特殊性，不能完全开展藏阅一体的开架式服务，为协调这种客观情况，方便对历史文献的管理、保护，同时保证读者利用有效快捷，整体

▲ 辽宁省图书馆古籍阅览室

▲ 辽宁省图书馆历史文献阅览区

区域的空间构造以书库为中心向南北进行延伸。区域中部为库房区，北部为业务办公区（文献编目整理、古籍修复与数字化工作区），南部为阅览区和展览展示体验区。相较以往老馆文献的藏、研、修、用几个功能区分布在不同楼层而形成的空间割裂，新馆历史文献区的空间布局更能充分体现连续性、整体性，保证文献保管、整理、开发、阅览、研究等业务工作与阅览服务流程的集成化和连续化。

中部库房区域分别建有古籍善本库、普通线装书库、民国文献库，共3328平方米（古籍库房总面积为1459平方米，民国文献书库面积1869平方米）。北部设有历史文献整理开发室、古籍修复中心、古籍数字化室、古籍保护人才培训基地，共1200平方米（其中修复中心面积达到600平方米、古籍数字化室面积达到100平方米）。南部阅览展示区提供古籍、民国图书、期刊等历史文献查询阅览服务与传统文化展示推广服务。这一区域是历史文献区最主要的部分，是为读者阅读而设计的空间，面积开阔，总共3033平方米，阅览坐席232个，设有多个功能区域块。整体分为两大部分：一是读者咨询阅览区域，即古籍阅览室、学术研讨室、四库系列丛书阅览区、民国书刊阅览区；二是传统文化展示体验区，即文创产品陈列区、传统文化体验区、萃升书院、典籍博物馆。

历史文献区三大区域块以书库保管为中心，辐射开展业务整理与阅览咨询等工作，三区域块联系紧密，文献提供便利，文献保护开发安全，且能开展丰富多彩、特色鲜明的历史文献展示与传播活动，将以往独立的传统文化宣传推广功能完美地引入结合，为推动传统文化宣传、丰富与读者交流等活动开辟出了一个关联空间，形成综合型历史文献服务体系。

②风格特点

新馆历史文献区在建筑风格上将现代智能技术与古典文化建筑艺术相结合。藏书库房采用了现代智能的恒温恒湿系统，库房为全封闭，配备自动灭火装置，一旦出现火情，消防装置能够立刻启动；并设置自动防盗报警系统和全天候、无死角的监控系统。南部阅览区域建筑风格配合文献类型,以古典建筑艺术为主题,突出古典建筑美,融入镂空花窗、柱梁木造等传统建筑元素,阅览区坐席桌椅为中式风格,各功能分区挂有名人字画碑帖仿真件(真品均为辽宁省图书馆藏),展示出深厚的文化底蕴。各区域灯光布置合理。内部各个功能分区之间过渡自然,有机融合,为读者提供了一个现代智能化与文化优雅感相结合的舒适环境。

(2)历史文献服务特色

①以人为本　功能多元

历史文献的阅览读者分为研究型与观览型,有的是科研需要,有的是文化好奇需求。新馆在文献阅览区的设置上将不同需求读者总体考虑,既包括提供文献阅览、专题咨询,也提供讨论交流、协作研究的场所(学术研讨室),加强图书馆员与读者的沟通,符合学界研究人员的文献需求,满足普通大众对传统文化典籍的好奇,引导大众读者对传统文化的兴趣。除了传统的文献阅览服务,新馆还提供多种传统文化大餐,增设文创产品陈列区、传统文化体验区、萃升书院、典籍博物馆,举办修复技艺展示、文化讲座、古籍展览等多元读者活动。

文创产品陈列区陈列了辽宁省图书馆依托馆藏古籍资源开发的各类文化创意产品,位于阅览区入口左侧。读者步入历史文献阅览区,首入眼帘的便是琳琅满目的图书馆文创产品。省馆文创产品的开发不是停留于对古籍中各元素的提取,而是找准转换的契合点,研发出各种日常的、构思巧妙的文创产品,通过创意设计让古籍文化真正走进日常生活,发挥古籍的文化价值。辽宁省图书馆结合馆藏特色,开发了《聊斋志异》《贞观政要》《七十二贤像》《御制盛京赋》《李文忠公书牍》等高仿复制品以及古籍书签、笔筒、辽图藏书票等接地气的文创产品，举办"文生物化、创念天成"的专题自产文创产品展览。通过文创产品展示，为读者传递中华文化独特的内涵与美学，让古籍里的文化内核活起来。文创产品的开发展示进一步推动了中华文化创造性转化和创新性发展，搭建起历史感、创新性并重，故事性、艺术性并存的合理框架。

传统文化体验区主要开展展示与体验活动，一是古籍修复工作者展示古籍装帧、修复等技艺，二是与读者现场互动，开展技艺体验活动。这样的体验活动不局限于此区域，而是在空间上进行延伸，在新馆一楼共享大厅也举办过多次，如2016年"妙手回春展故颜——古籍装帧修复技艺展示体验活动"，2017年6月10日配合"文化和自然遗产日"举办的古籍修复展示体验活动。古籍修复员现场演示了书页的展平、喷水、点糨糊、上补纸、压平、捻纸钉、打眼、订线等一系列古籍修复流程，让现场的读者对这一古老的传统技艺产生了浓厚的兴趣。这类体验活动更容易吸引大众注意，提升关注度，扩大传统文化共享与传播的影响力和覆盖面。

历史上，萃升书院是辽宁地区的知名学府，已成为辽宁地方传统文化的一个历史标志，省馆在历史文献区独立划设一区，开展文化活动，贴合传播传统文化知识功能。书院会定期开设"萃升讲堂"，举办读书会。

在典籍博物馆举办的古籍展览中，我们把"普及推广"与"重点推介"两点作为展览创意的核心，多视角、全方位地展现和揭示中华优秀文化的魅力和深邃内涵，力争为读者提供优质的、有新意的服务。新馆开馆以来开展了多场精彩纷呈的展览，如"册府菁华——

辽宁省图书馆馆藏珍贵古籍展""努力名山接薪火——辽宁古籍保护十周年成果展""萃升书院相关历史文献展"等,均收到了良好反馈,备受大众欢迎,吸引了社会大众对古籍保护工作、优秀传统典籍、地方文化历史的关注和支持。

通过以上阅、讲、展、演多方位活动形式的整合开展,历史文献区读者服务把传统与创新结合在一起,改变过去历史文献带给大众的晦涩和沉重的印象,融入趣味,由浅入深引导大众对知识、阅读的乐趣,服务深度与广度并重。

②设备智能化 内容数字化

历史文献阅览区设有古籍、民国文献查询电脑,引入TRS WCMV7.0内容协作平台、MSQ online高清古籍文献数字资源在线发布平台,搭建新馆古籍数字化发布平台,方便读者检索、浏览文献资源。阅览区配置足够光源,覆盖有无线网络,配置足量、合理的电源接头,让读者在阅览纸质文献的同时可以使用移动智能终端设备(笔记本、手机、平板),访问和使用图书馆提供的各类应用与服务,力求让读者在舒适、便捷与人性化的环境中享受文海畅游的乐趣。

新馆历史文献数字资源服务快速发展,将实体馆藏与数字馆藏以及网络信息资源进行整合重组,提高馆藏资源配置的合理性,服务内容上强化数字化形式介入,提升历史文献资源服务的方便有效性,实现新形势下的文献信息资源整合重组、推介共享。

多年来,辽宁省图书馆通过开展古籍数字化系统工程,建立"古籍数字资源库",对民国文献开展书目数据整理、缩微影像、数字化全文影像数据库建设等工作,为历史文献数字化服务工作奠定了坚实的基础,形成了具有地方特色的历史文献体系与规模,为新馆历史文献智慧服务提供了技术前提。新馆在古籍阅览室设置多台查阅数字资源的电脑，读者可以在电脑上浏览馆内特色古籍，既方便了读者，也避免了古籍出库易造成损坏的情况，推进并加强了对古籍的利用与保护工作。目前数字平台已发布101部闵凌刻套印本和多部馆藏孤本善本数字资源，随着古籍数字资源库的建设，将面向广大读者推出更多古籍数字资源。

③服务快捷连续

辽宁省图书馆围绕藏书区将读者阅览区、研究区、展览展示区和业务办公区布置于一个空间层面，方便彼此呼应，形成网状服务，改变旧时提书、咨询、浏览、交流等环节需要在不同楼层转换带来的不便。

在服务方式上，除四库系列丛书、本馆整理出版的《辽宁省图书馆藏民国时期东北大学毕业论文》《辽宁省图书馆藏抗战文献汇编·历史卷》等数种民国文献出版成果实行开架阅览外，对其他文献（古籍、民国图书期刊）实行闭架阅览。闭架文献由读者填写索书单，工作人员依据索书单入库提书，阅览1949年前民国文献需出示本人身份证。由于古籍文献特殊的稀有性、文物性，查阅古籍的读者需要提供身份证、介绍信等相关手续。阅览普通线装书，要明示阅览需求，并出示身份证；阅览善本古籍，需出示身份证及单位介绍信，并经部室主任批准。古籍数字资源的使用：一是读者可以通过互联网在官方网站上发布的"中国古籍"平台上浏览；二是在新馆古籍阅览区装有数字资源库的电脑上进行浏览，工作人员通过科讯管理系统与读者身份证阅读机的对接，为需要浏览在线古籍数字资源的读者开放使用电脑权限。这些措施整体保证了服务流程快捷连续、能够满足读者不同需求，也确保程序规范、文献安全，并节省时间。学术研讨室有图书馆古籍专家回答读者对古籍文献的学术咨询，保证图书馆学术信息咨询的深度。

（3）业务区改造升级　助力文献保护与服务

对新馆古籍业务办公区环境和设备进行了改造升级，尤其加强了古籍修复中心和古籍数字化室的改造和配置。

辽宁省古籍修复中心是首批12家"国家级修复中心"之一，新馆建成的修复中心面积由老馆的300平方米增加到600平方米。中心分修复专用设备操作区、字画装裱区、古籍修复区、纸张检测区、纸库、修复培训区等六大功能分区，集古籍修复、实验、教学实训、库房存储为一体。中心建设遵循科学性、实用性的原则，在设计上将传统风格与现代理念完美结合，其硬件环境和设施在国内同类同级别修复中心中处于较领先位置。

新馆独立增设了古籍数字化室，配有专业人员管理，购置了先进仪器（德国Bookeye4自动书刊扫描仪）。先进的扫描仪的应用，保证了扫描的书影，画面清晰、字迹清楚、颜色逼真，能清楚显示古籍本身的水渍、霉斑等污迹，真实反映了古籍的原貌。其应用的冷光源有效地避免了热光源长期照射加速古籍纸张老化的问题，且扫描速度快，A2-600dpi扫描时间不到10秒，极大地提高了工作效率，有力地促进了古籍数字化工作的开展，保证了馆藏古籍数字资源阅览服务的供给。

新馆历史文献区合理规划空间资源，充分运用现代科技和传统建筑艺术特色，将空间布局各项功能加以融合并整体提升，整合纸质典籍与数字资源，将文献业务工作、咨询阅览服务、传统文化宣扬传播功能紧密结合，构建集馆藏、编目、阅览、展览、交流、教学、实践于一体的主题特色区域。新馆历史文献区开放以来，依托软硬件优势，在读者服务方面创新服务形式、丰富渠道、提供人性化服务、展示人文关怀，减轻了网络发展带来的对实体图书馆的冲击，将更多的读者吸引进馆，迈入新馆营造的传统文化阅读空间。

**7. 辽宁省图书馆萃升书院**

在倡导传承中华民族优秀传统文化的今天，书院如同雨后春笋在各公共图书馆生根、萌芽，焕发出耀人的光彩。在大举建设书院、宣扬传统文化的历史契机下，辽宁省图书馆复建了清代著名盛京三大书院之首——萃升书院。

（1）萃升书院的历史

萃升书院始建于清代。清康熙五十八年（1719），时任奉天府丞的任亦璺创建书院，名之"萃升书院"。萃升书院院址设在奉天城天佑门（今沈阳小南门）内的府丞公署东面，最初只建厅堂三间，规模较小。雍正十一年（1733）发布创建省级书院的谕旨，从此萃

▲ 辽宁省图书馆萃升书院讲座区

升书院获得了发展壮大的机会。乾隆二十七年（1762），时任奉天府尹的欧阳瑾揭"萃升书院"旧匾，悬挂于书院仪门之上，同时作跋于后，记述书院发展历程、取得的业绩和对后人的期许。此后，萃升书院声名日隆。

光绪年间，"庚子之乱"祸及东北。萃升书院先被义和团占据，继而建筑又为沙俄侵略军严重损毁，之后又充作府尹、知府、提学等公署之用。直到光绪三十一年（1905），奉天组织教育总会，萃升书院作为会址，迭经修葺，始复旧观。

1928年，张学良主政东北后，十分重视东北的教育事业，尤其重视国学的传承与发展。在听取了一些学者的建议后，决定出资2万大洋，重建沈阳萃升书院。张学良先请人对旧院落进行重新规划，后召集工匠对老房屋重新修葺。经过改建，书院再次焕发了青春，一个崭新的萃升书院呈现在世人面前。可惜好景未长，1931年，九一八事变爆发，日军占领沈阳，大举侵略东北，萃升书院又被迫关闭。虽然此番书院恢复创建仅3年时间，但仍为中华民族培养了一批传承中华文化的人才。

（2）复建萃升书院的初衷及前期工作

萃升书院有着200多年的历史，是辽宁的文化符号，在间断至今的100多年间，仍被世人津津乐道。可见，复建萃升书院是满足社会潜在需求的必行之举。再则，与南方城市相比，东北地区缺少文化元素，而萃升书院是东北地区的文化品牌，恢复萃升书院是挖掘和利用地方文化资源的重大举措，可以作为弘扬传统文化的符号，传承地方文化。萃升书院的复建工作于2014年10月份正式启动，并按照先期计划一步步地、有序地进行。前期先做了资料的搜集工作，包括图片资料和文字资料，拟订了恢复建设萃升书院的可行性方案，并在此基础上于2016年7月31日举行了"萃升书院复建准备工作论证会"。论证会上，各位专家均对辽宁省图书馆复建萃升书院这一发展思路给予了肯定，认为辽宁省图书馆复建萃升书院是可行的。

（3）复建后的萃升书院自然情况及开展的活动

复建后的萃升书院位于图书馆三楼西南角，包含两块区域，在民国文献阅览区东侧的传统文化体验区和在民国文献阅览区西侧的萃升讲堂。两块区域依功能不同来区分，装潢力求古朴、庄重、典雅，采用明清时期书房家具的样式，力求营造一种传统文化氛围。

复建后的萃升书院于2017年2月2日举办了第一次活动——小型展览。该展览旨在向大众推介萃升书院，让不了解萃升书院历史的读者可以更多地、更直观地了解萃升书院。展览设在萃升讲堂北侧，共设展柜7个、展板10块，分别从创始之初、复用旧称、原址复建、书院管理、书院经营、历任山长、主讲名师、书院位图、书院藏书几个方面介绍了萃升书院的情况。自展览开办之日，观展人数已近千人，观展群众反响良好，多人咨询书院其他活动排期及相关事宜。

萃升书院历经二百余年的风雨沧桑，如今洗尽铅华，再获重生。在大力宣扬传统文化的历史契机下，复建后的萃升书院一方面会将原有萃升书院的职能优势继承下来，如藏书、教化等，这些职能主要通过讲座、读书会的形式来实现；另一方面，也将依据新时代新背景将萃升书院的职能予以创新，如结合地域特色进行义化传播，通过展演的形式再现古籍制作、修复的场景。无论继承抑或是创新，我们都旨在将萃升书院的职能发挥得更好，使之更好地为读者服务，力争不负当年盛京三大书院之首的盛名。

# 第五章
# 创新读者活动 搭建传统文化传承之桥

2019年9月10日,习近平总书记在给中国国家图书馆8位老专家的回信中指出,"图书馆是国家文化发展水平的重要标志,是滋养民族心灵、培育文化自信的重要场所"。并且依据《中华人民共和国公共图书馆法》的指引,全国公共图书馆积极展开读者活动,这不仅是现代图书馆功能的扩展,也是公共文化服务方式的升级,同时也是加强文化建设、增强文化自信和建设文化强国的有力手段。公共图书馆应该将读者活动视为向人民群众传播中华优秀传统文化的主要手段,让大众在活动中学习、体验、感悟、交流、传播传统文化,让传统文化真正落地生根,走进大众生活。在活动中,读者不仅是服务的对象,也是活动的参与者,大力开展内容和形式各异的读者活动,特别是中华优秀传统文化的推广活动,不仅是公共图书馆读者服务工作的核心和关键,也是现代图书馆"一切为了读者"的服务理念的充分体现。

## 一、公共图书馆读者活动

读者活动是指图书馆以促进资源利用、服务读者为目的，以广大读者及潜在读者为服务对象，在特定时间内举办或参与的，区别于常规读者服务内容的业务活动。

### （一）读者活动开展现状

随着网络、数字技术的快速发展，公共图书馆在开展读者活动方面已经发生了巨大的变革。传统的征文比赛、读书会等单一形式已经不能满足读者需求，公共图书馆正在积极拓展读者活动的方式和路径，陆续推出了展览、讲座、阅读分享会、培训、快闪、情景诵读、传统技艺秀等多种活动形式。如今，读者活动已经成为公共图书馆的核心业务之一，各类读者活动持续开展并且亮点纷呈，助力公共图书馆事业迈上新台阶。

1. "3+n"的基本活动模式

目前我国公共图书馆开展的读者活动，通常采用"3+n"的模式。其中，"3"代表展览、讲座和其他活动，而"n"则指除这三种活动形式以外的其他形式，如培训辅导等。一项调查显示，"3+n"模式式已经成为我国各级各类公共图书馆读者活动的基本模式。

2. 普遍进行，创新开展

目前，我国公共图书馆的读者活动得到广泛开展，呈现出众彩纷呈的态势。从东北地区的黑龙江省图书馆到南部地区的海南省图书馆，从西部地区西藏自治区图书馆到北部地区的内蒙古自治区图书馆，全国范围内的公共图书馆都在积极创新读者活动，不断扩展读者活动服务覆盖人群和范围。

### 3. 注重体现地域文化主题

鉴于国内省级公共图书馆均设立于省会城市，各地的活动主题与省会城市的区域位置和城市历史文化紧密相关，因此这些活动主题具有较强的区域历史文化属性。例如，山东省是孔孟之乡，是儒家文化的发源地。山东省图书馆的读者活动以儒学讲坛为主线，在全省公共图书馆修建了尼山书院，开展国学经典传承、礼乐教化、道德实践和情操培养等活动。其举办的"孔子公开课"和"孟子公开课"深受读者好评。又如，成都又是戏剧之乡，在唐代就有"蜀戏冠天下"的说法。川剧是四川文化的一大特色，是西南地区戏曲文化符号。因此，四川省图书馆举办了川剧系列讲座，邀请川剧表演名家和戏剧理论专家，讲解川剧的五种声腔和五类角色行当的戏剧常识。

### 4. 新媒体传播提升宣传效能

随着网络技术的迅猛发展，传统媒体如广播、电视和报纸等在传播方面的竞争力逐渐削弱，而新媒体的互动式传播正呈现出越来越强劲的势头，有取代传统媒体之势。新媒体不仅能满足宣传工作对新闻时效性的要求，传播速度更快，易于操作，能够在第一时间完成多维度的推送，包括文字、图片、语音和视频等。同时，利用新媒体平台如微信、微博、抖音等开创了平台宣传的新型模式。在宣传报道方面，重大活动采取了省、市、县（区）、乡（街道）、村（社区）多级联动和多层联动的全媒体方式进行宣传和传播，强调宣传报道的多样性和图书馆特色服务，以适应读者的碎片化阅读、移动阅读和终端阅读的需求，宣传工作呈现出及时、多样、灵活等特点。

## （二）读者活动特色

随着全民阅读的发展，公共图书馆的读者活动蓬勃发展，举办了许多形式多样、内容丰富的活动，涌现出一大批主题独特、品质卓越的活动品牌。

### 1. 内容：传承文化根脉

公共图书馆通过举办国学类讲座，对历史事件和历史人物进行解析，引导读者阅读历史、铭记历史、以史为鉴，传承和弘扬中华优秀历史文化。这种努力具体体现在两个方面：一是继承优良传统文化；二是吸收总结历史经验和教训。这种"合二为一"的做法，不仅表达了对传统文化的尊重，同时也发挥了公共图书馆在提高公民科学文化素质、促进社会文明进步和传承人类文明的核心作用。例如，四川省图书馆则举办了"默化——古籍里的传统医学文化与当代生活、艺术的潜移"展览，展示中医美学；陕西省图书馆则举办了"乞丐皇帝——朱元璋的功业与局限"讲座，深度剖析朱元璋执政的功业和人格的局限；湖南图书馆举办了主题为"《史记》何以称《离骚》"的讲座；江西省图书馆则举办了"《走进论语》，品读孔子的人生智慧"等活动。

### 2. 功能：架设沟通桥梁

公共图书馆举办读者分享会和作者见面会，让读者和作者通过书籍和阅读对话，建立起一座心灵沟通之桥，借助书籍传递历史知识。例如，陕西省图书馆邀请作家郑小悠携新书《年羹尧之死》，剖析了年羹尧大起大落的人生经历；四川省图书馆举办了主题为"希望，绽放在大凉山——《悬崖村》"的阅读分享会，作者阿克鸠射讲述了村民攀爬800米悬崖回家的故事以及如今悬崖村正在发生的历史性变革。

### 3. 主题：围绕时政热点

从2013年开始，公共图书馆围绕钓鱼岛问题开展了一系列读者活动，旨在提高读者的国家安全意识和爱国意识，提高家国的凝聚力。例如，四川省图书馆举办的讲座，主讲人通过图片和文献史料从四个方面阐述了钓鱼岛是我国必争、必保、必得的神圣领土，同时呼吁中国人民要理智爱国，不忘国耻，保家卫国；湖南图书馆举办了"当前国际局势与中国的和平崛起及其前景"的讲座，详细分析了当前国际形势，阐述了中国崛起对世界的贡献以及未来中国发展的美好前景；深圳图书馆举办了"伟大进程·辉煌成就"专题图片展，展示改革开放以来深圳在城市建设、社会发展和民生保障等方面取得的伟大成就。这些活动都以时政热点为主题，通过介绍相关背景知识，帮助读者正确认识和客观分析国内外大事，提高判断力、思辨能力和快速抓住事物本质的能力，有利于提高宣传、贯彻、理解和执行党的路线、方针、政策的能力。

### 4. 对象：受众涵盖广泛

根据联合国教科文组织《公共图书馆宣言》，每个人都应该有平等享受公共图书馆服务的权利，而不受任何限制，包括但不限于年龄、种族、性别、宗教信仰、国籍、语言或社会地位。在1990年，我国颁布了《中华人民共和国残疾人保障法》，要求公共图书馆专门设置残疾人专用设备，并且为儿童和老年读者开展专项活动。例如，辽宁省图书馆也举办了针对儿童和老年人的活动，如"奇思童年·妙享阅读"——展演《海底奇遇记》儿童剧，吸引了600人参加。同时，每年还举办老年电脑大赛，老年人通过比赛检验了自己的学习成果，获得了来自社会的认同感和荣誉感；2017年世界读书日，云南省图书馆邀请云南省盲人协会主席汪靖人举办盲人按摩公益知识讲座，为残疾人提供按摩职业技能的培训，帮助他们提高工作能力，促进残疾人就业。

### 5. 宣传：借力名人效应

邀请知名人士参与活动，可以直接向公众传递崇尚阅读和学习文化知识的正面能量。这对于提高公民文化素质和推广全民阅读具有引领和示范作用。与此同时，知名文化人士参与的活动也能够增加社会关注度，进一步扩大公共图书馆在社会上的影响力。例如，南京图书馆邀请时任故宫博物院院长单霁翔举办专题讲座，他分享了自己任职期间带领故宫博物院跻身世界一流博物馆的卓越历程；四川省图书馆邀请澳大利亚著名动物学家珍·古道尔举办讲座，她分享了自己38年来研究动物的经验，呼吁人类保护自然环境和地球，吸引了大量听众到现场听讲，同时也通过线上直播吸引了近18万人次的参与；另外，陕西省图书馆邀请著名作家、中国作协名誉副主席、前文化部部长王蒙先生举办讲座，他分享了自己60多年的创作历程和丰富的写作经验，鼓励听众多读好书，从阅读中获得人生智慧。以上名人在全国各地举办了多次讲座，所到之处无不人满为患、一票难求，名人效应显著，活动产生了巨大的社会反响。

### 6. 营销：彰显品牌特色

公共图书馆开展读者活动，需树立品牌意识，注重品牌建设，彰显品牌特色。例如，宁波市图书馆"天一讲堂"始终致力于打造焕发全新生机的文化品牌，在开展文化讲座时，注重培育多主题的文化讲座，除了传统文化、红色文化、宁波文化之外，还有书法文化、国学文化、宋代文化、民俗文化、乡土文化、艺术文化等主题。"天一讲堂"积极关注时政热点，策划推出回眸奥运特别讲座"一鸣惊人的'宁波射击'——在冠军家乡的图书馆遇见奥运冠军之师"、国庆专场讲座"人·法·共同富裕"、2022年冬奥会特别讲座"绽放在冰雪世界的生命之花——冬奥会的文化与审美"等，打造接地气的讲座品牌。"天一讲堂"还着墨多宣传，在官网、微信、微博、电视图书馆、报刊、手机客户端、新媒体等平台宣传讲座信息，提高关注度，铸造汇名气的讲座品牌。比如《宁波日报》《宁波晚报》、《都市周报》、《江南游报》、甬派、甬上、音乐广播等媒体皆对"天一讲堂"创建十五周年相关事宜竞相报道，无形中增加了"天一讲堂"的美誉度。

### 7. 宗旨：重视读者需求

满足用户的知识文化需求是图书馆举办活动的直接目的，没有用户需求，图书馆活动就失去自身存在的价值。因此，公共图书馆在开展活动期间，需要关注到读者的需求，才能更好地服务用户。例如，随着社会的进步和人们物质生活水平的提高，公众开始对精神层面的追求越来越感兴趣。为了满足普通百姓的艺术需求，公共图书馆举办了各种形式的文化艺术活动。辽宁省图书馆推出"流光溢彩说头面·国粹流芳赏传奇"——戏曲服饰文化展示欣赏和体验活动，通过实物加展板展示，揭示京剧幕后传奇的头面艺术，再现"头面中的艺术""头面中的故事""头面中的工艺"；通过体验课讲解和学习头面的制作，试戴戏曲服饰，感受京剧头饰艺术的独特魅力，以独特方式呈现中国戏曲服饰文化的形式和内容，让读者立体生动地体验传统文化艺术京剧文化。

## （三）读者活动发展策略

公共图书馆的读者活动都是以"阅读推广"为核心目标的，不仅包括向读者推荐阅读材料，还包括提高阅读能力、培养阅读兴趣、养成阅读习惯、提升阅读品位以及营造良好的阅读氛围。鉴于阅读推广工作内容和形式的复杂性、系统性，以阅读推广为大概念和大框架，面向读者开展的各类阅读活动将长期存在于图书馆工作流程之中。

### 1. 读者活动内容整体化

所谓整体化，可从两个层面上理解。一是针对同一项阅读推广内容，采取多种活动形式有机融合的方式。如在大型系列阅读推广活动中，可采取专家讲座、读者交流、在线竞赛、成果展示等多种方式同步进行。即使是小型的阅读推广活动也应注重推广方式的交叉综合运用，起到"1+1>2"的推广效果。二是在一定区域范围内同步开展多项同一主题的阅读推广活动，上下互通、多方联动，实现百花齐放的效果。

### 2. 读者活动形式多元化

2018年1月实施的《中华人民共和国公共图书馆法》第四章指出，"图书馆文化服务"的主要范围包括：文献信息查询、借阅；阅览室、自习室等公共空间设施场地开放；公益性讲座、阅读推广、培训、展览；国家规定的其他免费服务项目等。随着"互联网+"大幕的开启，社会公众获得信息的方式更加快捷、直观与智能，图书馆要突破时间限制，打开空间限制，为读者提供个性化、多元化的读者活动，不断创新阅读推广活动品牌。例如，辽宁省图书馆近年来有口皆碑的活动,如"百万图书万里行""童阅乌托邦""阅·历Library""乐·读音乐赏析""辽图电影院""真人图书馆""领读者""辽图之声"等,经过一定时段的运行,均已证明是非常成熟的阅读推广项目,发挥了较高的服务效能。

### 3. 读者活动推广智能化

随着科学技术的飞速发展,数字化与人工智能技术不断完善,在各行各业中产生了深远的影响,并且极大地丰富了图书馆的服务功能,增强了图书馆的吸引力,给读者带来各种美妙的享受和新奇的服务体验。例如,智慧图书馆、"互联网+"图书馆、数字图书馆、移动图书馆等项目,开启了图书馆事业数字化、智能化发展的进程,在线直播讲座、多维立体展览、在线借还图书、微信预约活动、在线缴纳过期使用费、人脸识别安检等智能技术陆续应用于图书馆服务中,更能激发出新的读者活动内容和读者服务方式,打造出信息传播更高效、阅读推广方式更全面的智能化图书馆跨界合作服务。

### 4. 读者活动宣传精准化

要想使图书馆对读者保有吸引力,应当始终坚持对图书馆的资源、服务、活动等利用新媒体手段进行宣传和介绍,达到全面推广图书馆的目的。近年来,我国社会对公共文化服务的需求呈现出多元化、高品质的态势,图书馆的读者活动应当在精准宣传的前提下,通过精准实施的系统运作,实现阅读推广效果的精准指向。其中,精准宣传是基础,也是关键。精准宣传就是使宣传主体、宣传内容、宣传方式、宣传效果实现全面精准化,其中,宣传主体精准,主要解决"谁去宣传"的问题;宣传内容精准,主要解决"宣传什么"的问题;宣传方式精准,主要解决"怎么宣传"的问题;宣传效果精准,主要解决"对谁宣传"的问题。解决好以上问题,阅读推广工作将实现跨越式发展,迈上更高的台阶。

## 二、公共图书馆中华优秀传统文化读者活动

为适应时代发展的要求,目前我国的公共图书馆充分利用自身的资源、人力和平台等优势,推出了丰富多彩的以弘扬中华优秀传统文化为主题的读者活动。由于古籍是传统文化的重要载体,因此中华优秀传统文化类读者活动通常围绕古籍展开,形式包括讲座类、展示类、技艺体验类、古籍资源数字化和文创类等五大类。这五种类型的传统文化传承活动通常不是独立存在的,而是相互促进、相辅相成的关系,共同完成了对馆藏珍贵古籍所承载的优秀传统文化的充分挖掘与深度开发。

### (一)公益性讲座

公共图书馆的讲座类读者活动通常以免费开放为主,具有普及性和大众化的特点。这些活动不仅满足了公众文化水平差异化的需求,而且为公众提供了实现终身学习的现实条件。2005年在广东佛山召开的文化部公共图书馆讲座工作会议指出,应将讲座类活动作为图书馆业务建设的重要内容之一,并推动公共图书馆讲座类活动的普遍开展。自此,公共图书馆对讲座类活动的关注和热情提升到了一个新的水平。公共图书馆的中华优秀传统文化讲座类活动主要以经典著作、传统艺术、民俗节气或历史名人等为主题,通过邀请相关研究领域的专家学者进行讲解和阐释,让公众感受到更深层次的文化价值熏陶,并在与主讲人的互动和交流中收获知识和成长。

例如，首都图书馆的品牌讲座"乡土课堂"创立于2003年，至今已经举办文化讲座上千场，其中包括"二十四节气"系列、"我们的节日"系列、"四库全书"系列以及"《诗经》里的花儿"系列等。通过"二十四节气"系列讲座，公众可以了解节气的特点和性质，并从多元化的角度探索其内涵，涵盖了从《唐诗宋词》到《红楼梦》再到北京城的节气文化。另外，"四库全书"系列讲座则通过讲解《四库全书》的历史命运和成书过程，使公众更为轻松地了解该书的文化价值。而"《诗经》里的花儿"系列讲座则聚焦经典文学阅读，选取有代表性且被人熟知的植物，例如桃花、木槿、芍药等，让公众在了解植物命名渊源的同时，深入体味《诗经》中的优美诗句，并领略到中国第一部现实主义诗歌总集的文化魅力。再如，山东省图书馆的"大众讲坛"文化系列讲座活动，主要关注儒家文化、齐鲁传统文化，力求做到普及性与专业性、系统性与专题性、欣赏性与应用性三个方面的结合。从2006年至今，山东省图书馆已举办了四百余期专题讲座，其中包括"让古籍里的文字'活'起来""传统民俗文化""人物与历史"等系列专题。"海津讲坛"是天津图书馆最有特色的读者活动项目，活动地域特色鲜明，强调中华优秀传统文化和天津地域文化的融合阐释。自2000年创办以来，已经举办讲座500多期，涉及天津地方文化等多个系列专题。

与读者信息素养培训讲座不同，公共图书馆的中华优秀传统文化讲座活动更加强调普及性和大众性。为了保证讲座质量，大多数公共图书馆会定期、定时、定点组织此类活动，将其打造成备受关注的文化品牌系列活动。同时，随着新媒体技术的发展，讲座活动充分运用互联网技术，实现了线上和线下多平台同步直播，并提供讲座文稿和视频等相关资料，以确保资源共享，讲座受众也因此不断扩大。当然，如何避免讲座内容同质化，提高吸引力，增加上座率，成为公共图书馆讲座工作需要突破的难题。

## （二）古籍展览展示

公共图书馆的展览展示类活动通常是指图书馆通过展示实物等方式，在特定地域和网络空间内向公众展示文化艺术的阅读推广服务。在传统文化阅读推广方面，公共图书馆的展览展示类活动主要包括举办线上或线下展览，例如全国联合古籍展览以及其他独具特色的古籍展览等。展览的展品范围不仅限于传统意义上的古籍，还包括家谱、地方文献、传统服饰以及相关的古籍研究成果等广义上的中华优秀传统文化文献资料。

### 1. 全国性展览——全国联合古籍展览

（1）主题和内容均相同的全国性展览活动。例如，2021年国家图书馆主办了名为"珠还合浦·历劫重光——《永乐大典》的回归和再造"的展览。展览通过展示善本、手稿、舆图等珍贵藏品，向公众介绍了《永乐大典》的版式、编撰辑佚以及影印出版过程。展览得到各地省级公共图书馆的响应，如首都图书馆、河北省图书馆、南京图书馆和陕西省图书馆等纷纷从各自条件出发，通过线上或线下的方式参与到展览之中，以生动直观的方式向公众传播中华优秀传统文化。展览图文并茂，让公众领略到《永乐大典》等古籍文献所蕴含的深刻文化内涵。

（2）主题相同但内容不同的全国性展览活动。举例来说，为响应"中华古籍保护计划"的倡议，我国的省级公共图书馆积极参与"册府千华——国家珍贵古籍百家特展"系列活动。各图书馆纷纷展出本地区的珍贵古籍，例如"册府千华，珍本撷英——京津冀三地珍贵古籍书影联展"展出了四十多部珍贵古籍书影；"册府千华——浙江省藏国家珍贵古籍特展"展出了两百部珍贵古籍，包括《六十四卦经解》等；"册府千华——重庆市藏国家珍贵古籍特展"展出了150部珍贵古籍，包括《公羊传》等。这些古籍珍品向公众展示了《国家珍贵古籍名录》中入选的珍贵古籍，极大地推动了古籍的阅读推广工作。

**2. 其他古籍展览**

大多数公共图书馆会不定期地举办集中展览，以展示其馆藏的古籍珍本、地方文献或其他特色的传统文化文献，以提高其古籍文献资源的宣传力度。例如，2020年，辽宁省图书馆举办了名为"文道：唐宋八大家古籍文献展"的线下展览，展出了30余种具有代表性的馆藏重要古籍。市民可以近距离感受韩愈集在宋、元流传的概貌，也可以直观比对不同时期不同的刻书风格。同时，展览精心设计了八大家著名作品的卷轴，市民可以通过扫描二维码，阅读八大家的经典名篇，体会八大家的文字之美，感悟他们的人格魅力。这次展览活动吸引了来自全省各地各界的人士广泛关注，对于激活经典、传承文脉、唤醒求知等方面产生了积极影响。

随着互联网技术的不断发展和应用，展览展示类活动从原本的单一实体展览模式转变为实体与在线展览相结合的多元展示模式，极大程度上拓宽了展示类活动的服务范围。目前，线上、线下融合的展览已成为公共图书馆传承中华优秀传统文化较为常见的活动形式。尽管展示类活动只是简单的图片展览或实物陈列，但在一定程度上也能够激发公众对古籍文献的阅读兴趣，推动公众深入了解古籍文献中的中华优秀传统文化内涵。

## （三）技艺体验活动

公共图书馆的中华优秀传统文化技艺体验类活动包括活字印刷、雕版拓印、线装书制作、古籍修复等技艺的演示和体验。技艺体验类活动可以分为两种形式，一种是在馆外开展的"走出去"活动，另一种是在馆内开展的"引进来"活动。具体来说，"走出去"活动是公共图书馆与教育机构联合举办的，活动对象主要是学生。"引进来"活动则是公共图书馆自行组织、策划的馆内活动，活动对象类型较为多元。例如，为迎接"第十四届文化和自然遗产日"的到来，2019年国家古籍保护中心联合相关单位，推出了名为"古籍保护·你我同行——古籍修复技艺进校园"的全国性活动。公共图书馆作为重要的联办单位之一，积极参与活动策划与组织。宁夏回族自治区图书馆与宁夏大学图书馆合作，联合举办了一系列校园体验活动，包括雕版印刷、线装书装帧、《永乐大典》和《四库全书》抄写等。这些技艺体验类活动，不仅宣传了古籍保护的理念，也调动了师生对于古籍修复技艺的参与意识和传承意识。

大多数公共图书馆的技艺体验类活动都与中华传统文化密切相关，例如"晒技艺"活动。这类活动的主要形式是以古籍修复、经典抄写和碑帖传拓等体验为主。古籍修复或碑帖传拓先由图书馆古籍修复专业人员现场向公众演示操作流程，再指导读者进行简单的修复和拓印流程体验。例如，2019年四川省图书馆举办了"妙手书医——古籍修复技艺展"读者活动。在技艺展示区，古籍修复师向公众演示古籍的修复过程；在互动体验区，古籍修复师指导公众进行线装书小样制作。除此之外，一些公共图书馆还会以其他活动为依托,开展技艺体验类活动。例如,浙江省图书馆举办了"杭州品质生活体验日"活动,古籍修复体验活动便是其中的一项。公众在专业修复人员的指导下学习折页、剪边等传统装订技艺并完成古籍线装书的装订。

总而言之,在公共图书馆的古籍阅读推广过程中,技艺体验类活动是实践性与互动性最强的活动模式,在很大程度上提高了公众的参与度,实现了读者与古籍的近距离接触。

### (四)古籍资源数字化

古籍资源数字化的目的在于提高古籍纸质文献资源的利用率。这个过程是利用现代信息技术手段,将纸质古籍文献信息转换为可识别、可处理的数字信息的过程。文化部在2017年8月颁布了《"十三五"时期全国古籍保护工作规划》,其中明确提出了"加强古籍数字化工作"的要求。通过古籍资源数字化,不仅可以保护古籍,还可以使得古籍资源的使用更加便利,大大提高了用户检索和获取古籍资源的效率。

古籍资源数字化平台或者数据库是公共图书馆进行古籍阅读推广和传承中华优秀传统文化工作不可或缺的一部分。例如,国家图书馆建立的"中华古籍资源库",是一个综合性的古籍特藏数字资源发布共享平台。该平台可以提供国家图书馆馆藏的善本和普通古籍、敦煌文献、甲骨文、碑帖拓片、西夏文献、赵城金藏、家谱、地方志、老照片、年画等古籍资源以及馆外和海外的征集资源,总量约10万部。通过这些数字资源,用户能够更便捷地获取古籍信息。另外,目前大多数省级公共图书馆已经基本完成了有关古籍、地方文献、家谱等特色数字资源数据库的自建工作。

随着人工智能技术的不断发展，古籍资源数字化也迎来了重大的变革。例如，"汉典重光"数字化平台以 OCR 文字识别技术为基础，成功实现了对海外 20 万页中文古籍的数字化；古联智能数据研究室的"古籍自动标点系统"、北京师范大学中文信息处理研究所的"古诗文断句 v3.1 程序"等，为用户提供了句读、标点、书名线与专名线标注的服务。

数字化技术的发展使得古籍资源得以摆脱传统的保存方式，转变为可以被更广泛地利用的数字化资源，实现了从"重藏"到"重用"的重大转变，让书写在古籍里的文字"活"起来。因此，古籍资源数字化成为公共图书馆开展古籍阅读推广、传承传统文化最为有效的推广形式。

### （五）古籍资源文创类

公共图书馆开展的文创类活动是指对馆藏古籍资源进行创新性开发，将具有文化底蕴和内涵价值的资源转化为产品的一种活动。目前，公共图书馆的文创产品主要分为三种类型：一是文化商品类，包括笔记本、签字本、书签等文具产品，围巾、卫衣、手表等服装配饰，马克杯、钥匙扣、团扇等家居生活用品；二是数字多媒体类，如小游戏、APP、Flash 动画等数字化产品；三是馆藏特色出版类，包括馆藏古籍文献的影印本、字画的复制品等。

估计资源文创产品均因具有馆藏特色和收藏价值，能够吸引公众的关注和购买。例如，南京图书馆以馆藏《十竹斋画谱》为设计灵感，开发出了实用性极强的文化创意产品"十竹斋系列"，包括镇纸和书签套装、明信片、反向雨伞、丝巾等产品；而"水浒传一百零八将系列"笔记本则是以清彩绘本《水浒传人物图像》为素材制作而成；此外，"民国老商标系列"杯垫、餐垫、帆布袋、书签、方形便签本、裸脊精装本、车线本等产品也非常受欢迎。上海图书馆以镇馆之宝《妙法莲华经》为灵感设计了"《妙法莲华经》系列"屏风、描经卷，以北宋刻本《长短经》、宋淮东仓私刻本《注东坡先生诗》等为灵感设计了雨伞、手袋、T恤、冰箱贴等十个系列，约有上百种文创产品。山西省图书馆的《佛说北斗七星经》复制品、福建省图书馆的《玉枕兰亭序》和《多宝塔碑》复仿古籍、贵州省图书馆的《八阵合变图说》复仿本以及黑龙江省图书馆的《大般若波罗蜜多经》精品卷轴，都是历年以来公共图书馆具有典型代表性的古籍文创产品。

古籍资源文创类活动为公共图书馆中华优秀传统文化传承工作带来了积极的影响。通过基于书籍外在形象、经典内容片段、人物插图等内容的文创产品开发，公众的求知欲得到了激发，他们不断探求这些文创产品背后所蕴藏的潜在文化信息，这为营造一个无形的阅读环境做出了贡献。但是，需要注意的是，通过文创类活动开发的文化创意产品并不像展示类活动、讲座类活动、技艺体验类活动那样具有公益性质。因此，公共图书馆需要权衡文化价值与经济利益之间的关系，以保障传统文化传承工作的合理有序开展。

## 三、公共图书馆传统文化读者活动实践案例

**1. 国家图书馆传统文化推广 MOOC 实践——"国图公开课"**

2015 年，国家图书馆利用 MOOC 平台，推出"国图公开课"。课程以传承和弘扬中华优秀传统文化为核心，强调内容的开放、自由、

多元和交融,极大提高了国家图书馆资源利用率和服务效能。

(1)概况

"国图公开课"通过国图公开课平台向互联网读者提供读书推荐、典籍鉴赏、百部经典、名著品读等传统文化栏目的在线服务,内容涵盖语言文字学、文化教育体育、民族与民俗学、科学技术等17个学科。近年来,国图公开课平台通过与读后感、问卷调查、有奖答题等活动相结合的方式,开展了"《中华优秀传统文化百部经典》有奖阅读活动""旷世宏编,文献大成——国家图书馆馆藏《永乐大典》文献展""看《永乐大典》,迎戊戌新年""从《诗经》到《红楼梦》——那些年我们读过的经典"等多个专题活动,实现了线上、线下互为流量渠道并双向闭环引流,办好办活了国图公开课服务。

(2)成功因素分析

一是开设高质量课程,传递品牌价值。为了推广国家图书馆的品牌价值,"国图公开课"整合馆藏资源,筛选出多年来国家图书馆的讲座精华,以专题形式推送精品课程,涉及典籍鉴赏、非物质文化遗产等专题领域。观众可以在"国图公开课"中欣赏中国典籍之美,了解典故背后的故事,听取知名专家学者的思想和见解。例如,"国图公开课"针对传统文化传承、"一带一路"倡议和纪念抗日战争暨世界反法西斯战争胜利70周年等社会热点,开设了《丝绸之路与丝路之绸》《天地同和道法自然——论古琴的文化精神》《汉字与中华文化》《中国的抗日战争与日本的战后处理》等课程,受到社会的广泛好评。"国图公开课"着眼于品牌塑造,充分利用国家图书馆丰富的馆藏资源,旨在服务国家战略,传播中华优秀传统文化,提高公众生活质量。该课程选取国民普遍关注的主题,本着正本清源的原则，致力于引导正确的舆论导向，为当下的中国社会提供体系化的国民通识教育课程，促进人的终身学习和终身教育，因此，形成了国家图书馆独特的品牌价值。

二是搭建开放共享平台，体现服务特色。"国图公开课"倡导'互联网+'时代线上与线下、视频与文字多种形态并存的便捷阅读形式。立足于图书馆的特点，将国家图书馆现有的各类资源进行深度挖掘，以文字、图片和音视频的形式插入与课程有关的背景知识，实现与馆藏图书、报纸、期刊、音像制品等资源的链接，从而形成既相互关联又保持独立的知识网络。此外，还整合了各级公共图书馆的优秀传统文化讲座资源，在"国图公开课"平台上进行播放，读者可随时进行文献阅读与学习，与课程本身融会贯通。在用户服务上，平台实现了对图书馆实名用户的深度整合。不仅支持无限量的匿名用户登录访问，还支持用户利用个人 QQ、新浪微博等社交网络账户进行关联登录，使新型的数字图书馆服务与传统互联网之间形成互惠。"国图公开课"同时支持移动终端的应用，方便读者随时、随地、随身访问。为保证高清视频课程访问的流畅性和舒适感，国家图书馆充分发挥基于云计算的视频加速优势，联合阿里云开通了全国各个区域的网络加速服务，以保障网络的安全畅通，大大提高了用户在远程访问中的体验。特别是线上视频直播服务，在特别活动期间通过开发提问墙等定制功能，实现了全国各地的远程用户实时在线与名家讲师的交流互动。

三是运用互联网思维，加强宣传推广。"国图公开课"以互联网思维为基础，从用户体验出发，积极开展传统文化推广活动的馆内宣传和联合共建活动。为了配合"国图公开课"的上线，国家图书馆网站及微博、微信等社交平台进行了一系列预热宣传。通过设置悬念网址形成话题效应，吸引用户关注；在主站首页设置"国图公开课"热图，介绍栏目类别并推荐热门课程，让用户形成直观的整体印象。此外，在微博、微信自定义菜单中设置"国图公开课"平台链接，并在自动回复规则中设置公开课、MOOC、OPEN 等关键词，方便用户随时随地地访问和学习。此外，利用微信等自媒体的即时性和互动性等特点，进行"国图公开课"录制现场观众的招募。国家图书馆还将已完成的部分课程视频提供给黑龙江、南京、福建、安徽、四川、贵州等 10 家具有示范性的图书馆在当地进行镜像使用。同时，利用数字图书馆推广工程的传播与推广，营造"国图公开课"在国内图书馆界的示范作用。

**2. 广东省立中山图书馆读者活动游戏化实践——"梦回大唐"**

自 2019 年底起，广东省立中山图书馆运用游戏化框架的思路与方法，在传统典籍荐读线下活动中引入"阅读闯关"的游戏形式，以"梦回大唐"为第一系列主题活动，为用户推荐唐代诗人作品集，带领用户品读唐诗、走近唐代诗人、领略唐代的人文社会风貌，激发用户阅读传统经典的主动性与积极性，帮助用户掌握一定的传统经典阅读方法。

"梦回大唐"活动每月举办一期，截至 2021 年 11 月，已荐读张九龄、贺知章、王维、李白、杜甫、白居易、刘禹锡、柳宗元、韩愈、李贺、李商隐、杜牧等 30 多位唐代杰出诗人及其代表作，通过绘画、书法、石刻、造像、壁画、乐器、服饰、茶、唐三彩、诗酒、女性妆容、雕版印刷等人文知识展现唐代人文风貌，通过西域治理、长安舆图、科举制度、官员制度、避讳制度、国子监教育制度等介绍唐代历史社会背景。创新的活动形式深受读者欢迎，同时也获得业界的肯定，案例"游戏服务'翻转'经典阅读——广东省立中山图书馆中华传统文化典籍阅读活动创新实践"被评为"2020年中国图书馆学会学术论文和业务案例征集活动一等案例"，并收入《中国图书馆学会年会论文集（2020年卷）》，"中华传统文化典籍教育推广活动"项目被评为广东图书馆学会2020年优秀阅读推广项目。

（1）通关与激励机制

机制是推动游戏进程和用户参与的基本流程。游戏基本的逻辑是设置关卡，每个关卡都有特定的任务，用户完成规定的任务即为通关。为了激励用户通关，增强用户黏性，积分、奖章与排行榜等是经常采用的游戏化激励措施。"梦回大唐"由6—7个关卡组成，通关的激励机制采用奖章的形式，即用户每通过一关便可获得相应的奖章，主要为关卡贴纸或唐风图形印章。此外，完成所有的挑战任务之后，用户还能获得与活动主题相关的手工体验物料。

（2）叙事与成长策略

叙事策略。动力元素关注的是用户内在动力需求，带有剧情故事的游戏更容易引发用户情感共鸣。采用叙事策略的游戏在呈现关卡的内容时，应运用合理的"叙事"方式。"梦回大唐"每期活动的关卡都围绕相应的唐代诗人及其代表作展开，因唐诗属于文学体裁中的诗歌类，馆员便借鉴诗歌的鉴赏方法，从时代背景、诗人生平、诗体特色、语句鉴赏等方面对关卡的内容做出方向性定位。其中"时代背景"关卡主要介绍诗人所处时代的特色人文风貌，展现传统文化之美，或者介绍对诗人产生重要影响的历史事件、社会背景，帮助用户以历史纵深视角了解诗歌创作。"诗人生平"关卡主要梳理诗人重要人生节点以及代表作。"诗体特色"关卡根据诗人的创作成就赏析不同类型体裁的诗歌。"语句鉴赏"关卡借助较权威的注释本选择诗人的代表作,从词语诗句、思想内涵的角度品读诗歌。这四个关卡需要馆员发挥对参考书目的选择能力与摘编能力,给用户提供适当的阅读材料。首先,主策划馆员通过查阅相关资料,从多角度了解诗人的创作成就与仕履生平,确定不同关卡具体内容的选题方向。其次,负责关卡设计的馆员根据主策划馆员确定的方向进一步搜集、梳理和提炼资料。"手工体验"关卡主要根据活动主题选择手工物料,用户必须通过前四关的阅读挑战才可以领取体验物料。最后的关卡为"问卷调查",旨在收集活动反馈,总结每期活动的成效。确定了关卡的内容后,还需给关卡命名。

　　成长策略。用户在游戏的过程中所获得的成就感是鼓励其坚持参与活动的内在驱动力之一。在"梦回大唐"活动中,用户需要认真阅读并消化活动手册提供的文本内容,在通关玩法的指引下参与挑战,完成挑战则意味着用户在一定程度上掌握了该关卡的重点知识。在关卡的设置上,通常以趣味性较强的游戏玩法吸引用户一步步地阅读文本知识,设置的游戏任务难度适中;在内容输出的形式上增强趣味性,如采用微信聊天、漫画图示、文艺演出等方式介绍内容知识。目前,"梦回大唐"关卡的玩法主要分为编排、联想、匹配、分类、解谜、情境体验六种类型。①编排:指将事件按照一定的逻辑进行组合或者排列,如提供诗人不同人生阶段所创作的诗作,用户对诗作按时间顺序进行排序。②联想:将文字与相对应的图片或符号联系起来,如将唐诗与相关的唐代绘画、文物进行匹配,还可以将唐诗或者图片的关键信息挖空,用户参考原文或原图将其补充完整。③匹配：将事件与其对应的属性进行匹配，如将唐代的避讳字与避讳原因进行匹配，常用的形式有连线挑战、贴贴乐等。④分类：按照一定类型将同一属性的事件放在一起，比如将同类感情特征的诗句归为一组。⑤解谜：将关键的知识点融入解谜过程，用户需要综合利用相关知识破解谜题。如唐诗中的关键意象对应一定的数字密码，用户需要识别这些意象，才能破解最终的密码。⑥情境体验：借助综艺节目组队比赛或角色扮演的形式，由用户合作完成相应角色的游戏挑战。同时，"梦回大唐"每期活动难度较高的关卡均以"微课堂"形式开展，时长大概15分钟，用户根据老师在课堂上分享的内容完成指定任务。这种形式展示了游戏化阅读推广的灵活性，在关卡中加入讲座的活动形式，但又通过游戏的方式提升讲座形式的趣味性。

（3）美学与互动体验

体验策略。美学策略意味着在游戏的细节设计上需要关注用户的美感体验。因此，馆员精心设计"梦回大唐"游戏道具，借助书签、信件、车票等物件的形制，巧用图片、色彩等，此外也会利用一些现成的道具，如密码箱、大骰子、酒筹、扭蛋机等。游戏关卡则以多场景摊位的形式呈现，即每个关卡有特定的摊位，各摊位根据内容特色进行场景布置，如在介绍唐代书籍装帧的"大唐风貌"关卡摆放经折装、卷轴装、蝴蝶装的样书，在介绍唐代诗酒文化的"诗酒相和"关卡悬挂"酒"字小旗帜。在场地的选择上，活动利用馆舍的开放空间与植物景观空间，选择了在图书馆一楼中庭花园与融爱空间举行。中庭花园有鲜花和绿树的映衬，适合打造分布式场景；融爱空间是充满书香气息的创意阅读空间，适用于开展沙龙分享类的阅读活动，且临近中庭花园。此外，馆员还发挥主观能动性，自学唐风服饰搭配、唐风发型、唐风歌曲与舞蹈，在主题活动中打造唐风场景、表演唐风文艺节目，营造沉浸式的阅读体验情境。

互动策略。为了更高效地完成游戏任务，鼓励用户就活动内容进行讨论交流；馆员则给予不同年龄、不同知识背景、不同阅读行为的用户个性化的阅读指导。同时，在一些关卡任务中采用了"战队"的形式，由用户组队共同完成游戏任务，如用户组队参与"谁是卧底""你画我猜"等互动游戏。此外，"集思广益"关卡设计的调查问卷从用户的结构组成、用户对活动的满意度、活动阅读指导效果、活动黏性以及用户阅读中华传统经典困难的原因等角度收集用户的反馈。馆员根据用户反馈，不断地优化迭代活动的游戏玩法，增加用户感兴趣的知识内容。活动很好地促进了馆员与用户、用户与用户间的互动交流，契合第三代图书馆基于知识而交流分享的时代需求。

（4）经验与不足

成效分析。"梦回大唐"活动的用户满意度较高，吸引了不同年龄段、不同学历背景、不同阅读兴趣的用户参与，揭示了公共图书馆开展中华传统经典游戏化阅读推广对于进一步扩大经典阅读用户群、推进中华传统经典阅读推广营销的作用。对2021年"梦回大唐"12期活动回收的438份有效问卷进行统计分析，用户满意度平均分为9.6322（满分为10分）；活动吸引了各个年龄层读者的参与，且19—60岁的青年和中年群体居多；活动吸引了不同学历的用户参与，其中本科及以上学历是参与活动的主要群体；活动不仅吸引了喜欢阅读中华传统经典的用户参与，也吸引了部分对中华传统经典阅读兴趣不大的用户参与。

"梦回大唐"活动充分发挥馆员的主观能动性，提升了馆员综合素养。在策划中华传统经典游戏化阅读推广的过程中，馆员立足中华传统经典文本对内容进行拆解，查阅专业的参考文献进行资料的总结提炼，加深了对中华优秀传统文化的了解；在设计活动玩法的过程中不断地积累创意，这些创意在其他阅读推广活动中也得以应用；在设计活动物料的过程中，逐步掌握一定的美工与排版技能。同时，活动实施需要多个馆员的配合，锻炼了团队的协作能力；通过在活动现场对用户的阅读指导，馆员得以获取用户阅读兴趣的第一手资料，增强了与用户之间的联系。

不足分析。目前"梦回大唐"活动还未能设置难度分级的游戏关卡，在为用户提供精准化阅读指导方面存在不足。针对此情况，馆员在活动现场会根据与用户交流的情况，为用户提供个性化的通关提示和指导。同时，"梦回大唐"活动主要由馆员负责活动文本内容的选择与设计，在学术性和专业性方面也略显不足。

### 3. 辽宁省图书馆古籍展览实践

辽宁省图书馆庋藏古籍61万册，向以版本特色鲜明、文献内容价值较高而为业界所瞩目。东北图书馆（后更名为辽宁省图书馆）成立伊始，历届馆领导和古籍工作者都非常重视古籍的保护和利用：编制馆藏古籍分类目录，举办"中国古籍分类知识业务讲座"和"馆藏善本书展览"等活动，参与古籍图籍的编纂，为相关研究者和大众所采用。如今，新馆三楼创建的典籍展示馆，恒温恒湿的展柜、珍贵的古代典籍、定期举办的展览……徜徉其中，可以近距离地感受古籍的纸墨装帧以及抄写之工、刻印之美。

（1）利用典籍展示馆进行古籍专题展

在图书馆中设立博物馆（展示馆），辽宁省图书馆虽非首创，但也是在国内设立较早的公藏单位之一。在辽宁省图书馆浑南新馆进行整体布局设计时，预留了单独的空间，将其作为展示馆藏古籍的场所，并按照珍贵古籍的保护条件，在安防、温湿度控制等方面进行了高标准设计，并将之命名为辽宁省图书馆典籍展示馆。

典籍展示馆面积在200平方米左右，设置了恒温恒湿的固定展柜和移动展柜，定期进行主题展。其定位就是要让公众得以直观地感受典籍文化的魅力，并作为传统文化普及的场所，实现民众终身教育的目标，由此让固化的古籍实物活起来。

2017年，辽宁省图书馆新馆全面开馆伊始，在典籍展示馆举办了"册府菁华——辽宁省图书馆馆藏珍贵古籍展"活动。此次展览从辽宁省图书馆12万册善本中精心挑选46部珍贵古籍，包括蒲松龄手稿《聊斋志异》，唐代写本《大般若波罗蜜经》，宋版《扬子法言》《韵补》，目前所知明代套印色数最多的《刘子文心雕龙》，以及我国现存规模最大的清代雍正铜活字印本《古今图书集成》等，都是馆藏中最具代表性的精品。这也是辽宁省图书馆新馆全面开放以来，首次在馆内举办珍贵古籍展。展览通过微信公众号、报纸、新闻媒体的宣传，取得了非常好的效果。

（2）省内联合办展

2017年12月初，由辽宁省文化厅主办，辽宁省古籍保护中心、辽宁省图书馆和辽宁省博物馆承办的"藏之名山，传之其人——辽宁省珍贵古籍特展"在辽宁省博物馆新馆举办。这也是省图书馆搬迁新馆后，与博物馆的又一次合作。此次展览从入选《辽宁省珍贵古籍名录》的3179部中挑选展出150部珍贵古籍，可以说基本囊括了辽宁省古籍藏书的精华。

充分发挥辽宁省古籍保护中心的职能，采取联合办展、巡回展览等形式，可以更好地宣传全省古籍保护工作，向社会普及传统文化常识，传播优秀传统文化。同时，也可以有效调动各收藏单位的工作积极性，形成全省工作联动。

（3）跨区域展览

近年来，辽宁省图书馆（辽宁省古籍保护中心）策划参与了几次跨地区、跨部门的大型展览，社会反响热烈。

2013年1月18日至31日，由国家图书馆、国家古籍保护中心、辽宁省文化厅共同主办，辽宁省图书馆（辽宁省古籍保护中心）、辽宁省博物馆承办的"辽宁省珍贵古籍特展"在辽宁省博物馆举办。此次展览包括了省内古籍收藏单位的藏书，如旅顺博物馆所藏、距今已有1700余年历史、世界上已知最早有明确纪年的纸本文献《诸佛要集经》，被誉为辽宁省图书馆"镇馆之宝"的蒲松龄《聊斋志异》手稿以及《抱朴子内篇》等一大批珍贵稿本、宋元刻本。被国家图书馆列为"四大专藏"、举世闻名的《永乐大典》《赵城金藏》等六部国宝级珍贵古籍也首次抵沈。展览一经推出，引发了公众极大的参观热情，观展者络绎不绝，各大主流媒体也争相予以报道。

2014年4月19日，"天禄琳琅、《石渠宝笈》典籍书画展"在辽宁省博物馆开幕。此次展览，汇集了收藏于辽宁省的43部天禄琳琅典籍和《石渠宝笈》手卷12件。国家图书馆此次提供了《资治通鉴》《朱文公校昌黎先生集》《学易记》《易小传》等五部天禄琳琅典籍，其中《朱文公校昌黎先生集》《学易记》两部古籍与辽宁省图书馆所藏可合为完璧。

2018年4月24日，由辽宁省图书馆和北京模范书局联合举办的"纸境——模范书局＋煮雨工坊雕版、印刷、装帧特展"，在辽宁省图书馆典籍展示馆开展。此次展出的展品是模范书局完全按照中国传统古籍雕版流程刻印的书籍，包括莫言的《大风》、国学大师饶宗颐的《饶宗颐诗钞》、著名诗人北岛的《北岛诗集》等，这也是我们将省内外的优势资源引进来，实现"联合互通""合作双赢"的有益尝试。

此外，近年来，辽宁省图书馆的珍贵古籍也多次参与了国家古籍保护中心举办的珍贵古籍特展，得以让更多的民众了解辽宁省图书馆的古籍特色。由此可见，在古籍的展览展示中实现省内外，乃至国内外公共馆、高校馆、博物馆之间的资源共享和有效联动，宣传"走出去"和"引进来"，使传统文化的传承既有"主阵地"，又有"分会场"，这是一种有效的模式。

展览、展示、讲座、数字化平台等，都是传承传统文化的重要手段。在展览中应该充分考虑上述元素的综合运用，如2014年"天禄琳琅、《石渠宝笈》典籍书画展"期间，邀请了天禄琳琅藏书领域的著名专家刘蔷女士，进行了一场有关天禄琳琅藏书的讲座；2018年"纸境——模范书局＋煮雨工坊雕版、印刷、装帧特展"期间，邀请了模范书局的创办人姜寻先生，进行了一场有关古籍雕版方面的大众讲座，都取得了很好的效果。另外，在辽宁省图书馆举办的几个大型展览中，将展览与古籍修复、碑帖传拓、雕版刻印等有机结合起来，与古籍展览实物实现了很好的互补。

## 4. 辽宁省图书馆"文溯书房·真人图书馆"活动实践

辽宁省图书馆"文溯书房·真人图书馆"系列活动本着服务读者、传承文明的初衷,定期将沈城各位大家、各种达人邀请来馆,与读者沟通交流,使读者获得与阅读纸质图书完全不同的感受。

（1）盛京满绣传人约会最美的你

2017年9月23日,辽宁省图书馆"文溯书房·真人图书馆"系列活动第一期正式拉开序幕。活动开始,由主持人伊丹介绍了活动流程。满绣传承人巴彦殊兰在辽宁省图书馆文溯书房为读者讲述盛京满绣皇家文化的起源与工艺技法,辽宁作家萨仁图娅老师为我们介绍了她的新书,并且透露了她下一步的工作是为巴彦殊兰老师写自传。在活动现场,为了让读者更直观地了解满绣,由旗袍协会带来了盛京满绣旗袍精彩展演,模特们身穿巴彦殊兰老师设计的满绣旗袍在音乐中缓缓登场,犹如一幅流动的画卷,给读者带来了视觉的冲击。

▲ 辽宁省图书馆"文溯书房·真人图书馆"系列活动

(2) 朱默涵古琴艺术生涯的"五个一"

2017年11月18日,"文溯书房·真人图书馆"系列活动第二期——朱默涵古琴艺术生涯的"五个一"在辽宁省图书馆进行。活动由访谈、抚琴和才艺展示两部分组成,通过谈话,朱老师分享了自己的人生经历和艺术历程,并演奏了代表作《良宵引》《高山》《袍修罗兰·水》等乐曲,让读者在聆听中感悟琴曲的韵味,在聆听天籁的同时了解乐曲背后的故事。传统文化一脉相承,朱默涵老师和特邀嘉宾张科威琴箫合奏了一曲《寒山僧踪》,而弟子二手联弹的《关山月》是朱老师古琴创新中的重要部分。在朱老师演奏过程中同时展示的茶艺、花艺表演也带给读者美的享受。

(3) 行走的艺术

由盛京满绣第四代非遗传承人巴彦殊兰和辽宁省图书馆及FM1034生活广播《收藏天地》节目联合发起的真人图书馆活动,于2017年11月25日在我馆圆满落幕,非遗传人巴彦殊兰设计的"幽兰"系列旗袍登场亮相。活动中,最让读者感兴趣的莫过于巴彦老师展示环节了。旗袍,大家都熟悉,但是如何制作旗袍,对于很多人来说就很陌生了。在本次活动中,巴彦老师带领她的团队,将从打版到裁剪、盘扣、最后扦边等一系列流程一一揭开神秘面纱,让读者对旗袍有了更直观的了解,在欣赏美的同时又学习了如何制作旗袍。这一活动弘扬了满族传统文化,提升了沈阳城市的文化积淀。

(4) 不负如来不负卿

2017年12月9日,"文溯书房·真人图书馆"系列活动第四期——"不负如来不负卿"在辽宁省图书馆三楼文溯书房内进行。本次活动邀请的嘉宾是作家杨泳,50名读者与她亲密分享《不负时光》一书。

杨泳是双硕士研究生、留英海归，也是一位旅行达人。她与现场读者分享了川西藏区之行的所见所闻和内心感悟，她的藏区之旅源于好友的猝然辞世，她从马尔康、色达、甘孜到亚青再到德格和道孚，一路山高水长、颠簸跋涉，只为参悟生死关。本期的真人图书馆就是一本游记，带着我们到没去过的地方，说着我们不了解的事情，翻开它，仿佛身临其境；阅读它，就是设身处地，这就是真人图书馆的魅力，亦是我们真人图书馆系列活动的初心。

（5）绣口一吐，掌上乾坤

顾老师是沈阳市非物质文化遗产、东陵顾氏皮影第七代传承人，自幼跟随父亲系统学习皮影人物制作，皮影戏制作表演、演唱，是现存为数不多的古法制作皮影作品的传承人。2017年12月24日，顾老师在辽宁省图书馆多功能厅真人图书馆活动中大显身手、技惊四座。活动伊始，可容纳150人的多功能厅已经座无虚席，顾老师以实物形式讲解了皮影的历史、制作过程、演绎方式，皮影戏人物形象生动、色彩绚丽的皮影再配上有趣的音乐声效和生动的语言，让读者徜徉在皮影悠久的历史长河中，又沉浸于绘声绘影的故事演绎里。顾老师立体式多感官地呈现了这门传统艺术的前世今生，展示了皮影的传世之美。除了观看，顾老师还与读者进行互动，亲手教授如何操控皮影道具，让读者身临其境地体会传统文化的迷人魅力。

（6）瑞雪莺丝新年古琴雅集

自古以来，古琴便以其高妙典雅的文化格调深得文人雅士欣赏，其所蕴含的博大精深的东方哲学和美学思想，使这一音色朴素的乐器成为中华泱泱五千年文化史上最负盛名的艺术符号之一。2018年1月13日，在"文溯书房·真人图书馆"活动，朱默涵老师携其门

▲ 辽宁省图书馆"文溯书房·真人图书馆"系列活动之新年雅集

下弟子及亲友故交为读者呈现了丰盛的视听盛宴。读者时而在高山之巅聆听万壑松风，时而在流水之侧沉思生命与时光的含义。晨曦微现，樵人已肩负着柴火踏着露水走下山冈；渔舟还载着微醺的渔人随流漂荡。春花烂漫之时，有无限的希望在琴人眼中呈现；雪落空山之际，剡溪会友的念头却在心中消解……"七弦为益友，两耳是知音。心静声即淡，其间无古今。"在喧嚣的城市一隅用琴声洗涤整年的躁郁，万物归心，忘记眼睛，只用听觉去捕捉，这一年，失去的、得到的都随着千年前的音律融化在瑞雪莺丝里……

（7）翰墨情怀——聆听著名书法家宋慧莹先生畅叙书缘

2018年3月17日下午，辽宁省图书馆"文溯书房·真人图书馆"系列活动之"翰墨情怀——聆听著名书法家宋慧莹先生畅叙书缘"成功举办，宋慧莹先生出席活动，以自身经历给读者们上了宝贵的一课。活动中，宋先生回忆了自己七岁开始习书的经历，讲述了在学习过程中遇到的困难及如何克服困难才成就了今天的自己。在讲述完临帖字体的顺序之后，宋老师向大家推荐了初学者可以选择的字帖——《唐寅落花诗册》。在互动环节中，一位读者写下了"高兴"二字，宋慧莹先生对此二字予以了肯定，也提出了字体的不足，并且在旁边示范笔法。面对众多读者的问题，宋先生知无不言、言无不尽，为初学书法者打开习书之门，为学习书法遇见瓶颈者打通了前进的道路。

辽宁省图书馆"文溯书房·真人图书馆"活动自正式启动以来，连续举办活动，有了自己的专有名称、品牌、主题宣传语，有专门的活动负责人，有微信、QQ等固定的宣传、申请、参加活动的渠道，有相对稳定的真人书及读者群体，已成为馆内关注广泛、参与度较高的特色品牌。在社会上取得巨大反响，得到了馆内读者的肯定和支持，很多读者成为活动的忠实参与者，每期按时参加；也受到了媒体的关注，凤凰网、新浪、搜狐等多家网站均有新闻报道。

# 第六章
# 深化科技赋能 让传统文化焕发时代魅力

科技的创新与进步为传统文化的保护与传承提供了强大的技术支持与保障。2019年8月，国家六部门联合发布《关于促进文化和科技深度融合的指导意见》，将文化与科技融合提升到国家战略层面。在此背景下，推进科技与文化融合，打造新型数字文化资源与数字文化服务模式，成为传统文化走出典籍、重焕活力的重要手段，也是新时代对图书馆发展的必然要求。现阶段，公共图书馆对科技赋能的价值表现出极大兴趣，并将其视为现代图书馆事业发展的一次难得机遇，积极开拓文化与科技双向奔赴的落地场景，以使传统文化始终与大众产生共鸣。在数智技术的助力下，深藏于典籍之中的中华优秀传统文化元素不再以单调、枯燥的传播方式呈现给读者，而是逐渐演变为直观立体的、富有情感和温度的虚拟文化产品。这些产品为社会公众创造了充满意境和参与感的场景，让他们能够身临其境地感受传统文化。通过这些文化产品的传播，更多人可以学习和掌握中华优秀传统文化，增强文化认同感和影响力，进而提升国家文化软实力和综合国力。

# 一、文化与科技融合

习近平总书记多次指出，要系统梳理传统文化资源，让收藏在禁宫里的文物、陈列在广阔大地上的遗产、书写在古籍里的文字都活起来。将科技发展融入中华传统文化的传承之中，恰恰可以很好地完成这一目标。

文化科技融合是一个文化创新过程，其内涵和定义已经得到了专家的深入研究和分析。在理论层面上，专家认为：①融合是通过将不同类型的文化内容、形式和服务与科技手段有机结合来实现的；融合旨在提高文化产品的品质和价值，从而形成能更好地满足人民物质文化需求的新型文化产品或服务；②文化和科技的融合本质上是科技对文化重新包装，文化选择最优化的科技项目，二者相互适应、发展，并最终融合新生的过程；③文化与科技融合是指在充分了解文化和科技各自特点与规律的前提下，将文化和科技有可能或有必要融合的元素进行最大限度的渗透、互补，形成新的文化产品。总之，文化科技融合是一个非常复杂的过程，它需要不同学科的专家和从业者的协作与合作，共同推动文化和科技的融合发展，提升人民的文化生活水平和幸福感。

（一）图书馆新技术应用概况

1. 新技术与图书馆发展

图书馆是社会文献保存和信息交流机构，它在促进人类文明的传承与发展、推动知识的传播与创新方面发挥着举足轻重的作用。我国图书馆数字化经过多年的发展,在资源建设、技术应用、基础设施以及服务效能等方面都取得了显著的成就,这些成就为读者获取知识、满足社会信息需求提供了坚实的基本保障。当今的图书馆发展环境、技术背景和读者需求发生了巨大变化,因此如何不断创新理念、丰富实践,利用数字化、智能化科技手段来支持和引领中华优秀传统文化的保护和传承,以实现内容资源数字化、空间服务智能化、文化传播网络化、设施装备体验化等目标,已成为图书馆实现自我革新和可持续发展的重要课题。文化与科技融合是唯一的答案,唯有如此公共图书馆才能与时代同步,在数字化时代中保持其地位和价值。表1总结了图书馆服务和管理中已经得到应用的数字化、智能化技术以及这些技术的特点和应用领域。

表1 数智技术在图书馆服务管理中的应用概况

| 技术名称 | 技术特点及应用 |
| --- | --- |
| 物联网 | 对图书馆内的人、物、设备进行识别、定位和状态监测,并实时监管,以实现对图书馆资源的智能化管理 |
| 区块链 | 为内容版权的高效管理和控制提供了新的解决方案,可应用于版权保护与监管 |
| 大数据 | ①云计算:整合文化资源,实现海量数据存储和管理;支持海量异构文化数据的共享和交换;实现跨平台应用,支持各类终端设备的统一访问和使用<br>②数据分析:通过聚合、融合和重组等方式对文化资源进行整合和优化;基于推理的语义理解和知识发现等功能,对文化资源的深度挖掘,实现更高效的管理和利用<br>③数据可视化:通过图形直观地呈现文化大数据及分析结果 |

续表

| 技术名称 | 技术特点及应用 |
|---|---|
| 人工智能技术 | ①人机交互：动作识别——应用于可穿戴式设备的沉浸式体验等场景；问答交互——应用于虚拟现实和遥控机器人等场景；辅助导览——应用于为听障、视障人士提供无障碍服务场景<br>②机器学习：提高处理和理解各种信息的能力，提升工作效率<br>③语义理解和智能决策：用于网络内容监控、文本分析、知识关联和推理等任务，帮助提高工作效率和决策能力 |
| 新型显示技术 | ①3D显示：应用于动漫、虚拟现实、文创增强现实等领域，提高用户体验<br>②电子纸：具备很多优势，可反复书写、高清显示、节能环保、轻便易带、容量大易检索、放大功能更适合老年人和残疾人阅读 |
| 数字影像和数字感知技术 | ①3D建模：快速生成高质量的三维点云模型，可广泛应用于场馆和馆藏实物建模等领域<br>②虚拟现实：结合文字或图片的原始描述，综合运用3D建模、立体显示技术和仿真技术等，高度还原文物或场馆的原貌<br>③增强现实：综合利用虚实结合、三维沉浸和实时互动等技术，更加高效、真实地传达文化遗产的信息<br>④全息投影：文化展示——应用动态的、时间性和故事性的历史虚拟影像展示出来；舞台表演——对硬件设备要求低，且能实现多种效果的变换；虚拟场馆——营造虚拟空间场景，实现场馆的全域漫游 |
| 空间导航和定位技术 | ①空间导航：应用于智慧图书馆的建设，可提供展品推荐、路线规划和多媒体信息呈现等与阅览相关的服务<br>②地理信息系统：应用于地区历史文化地理信息数据库的建设，能够对海量的数据资料进行整合管理<br>③基于位置的服务：可以为用户推送基于位置的图书馆介绍，实现O2O服务等 |

续表

| 技术名称 | 技术特点及应用 |
|---|---|
| 内容制作和新媒体技术 | ①动漫和游戏：将传统文化以动漫形式呈现，抛却刻板无趣，有助于推广和传播<br>②声光电多媒体：文化场馆的展示陈列中广泛应用，使展示形式充满趣味和生动性<br>③多媒体处理和搜索：真正实现基于内容的检索，弥补了单一文本形式的文化资源保存和应用的缺陷 |
| 智能设备和终端技术 | ①机器人：提供馆藏定位、讲解和导览、参考咨询、特殊人群服务等功能<br>②可穿戴设备：应用于创意与艺术领域，提升文创产品和服务的感官体验<br>③智能电器：应用于互联网文化内容、信息推送、增值服务等，是智慧图书馆的重要组成部分 |

## 2. 图书馆数智技术应用的发展趋势

进入21世纪以来，世界各国普遍加大科研经费和科研基础设施投入，涌现出大量科技成果，从而推动了各行各业的跨越式发展。在数智技术的支持下，智慧图书馆建设不断深入，业务创新层出不穷，交流合作不断加强。可以预计，未来图书馆的数智技术应用发展趋势主要体现在以下四个层面。

（1）数智技术应用更加广泛深入

"以人为本"是科技发展始终要坚持的核心理念。通过互联网、物联网及5G技术，人与人、人与物、物与物之间得以建立了互联互通。以此为前提，虚拟馆舍、沉浸式体验、智能借阅、自动导览、智能咨询等正在逐渐走进现实。随着现代信息科技的发展，人们获取与传输信息的行为发生了巨大的变化，对公共图书馆文化信息的呈现与传输产生了巨大影响。在这种背景下,"数字技术+文化"服务模式全面蓬勃发展,个性化、精准化和定制化成为图书馆文化服务转型发展的关键词。未来,公共图书馆将继续发展数智技术的应用场景,打造服务数字化、网络泛在化、体验智能化的公共文化服务,全面提升公众的获得感。创新源于需求,数智科技在满足公众日益增长的文化需求方面表现出让人惊喜的力量。

(2)科技文化融合,创新层出不穷

科学与技术的高度融合是当代科技发展的重要特征,体现了学科发展的新趋势和新方向。随着科技一体化的不断发展,技术打破了传统的学科界限,不同学科之间的界限逐渐变得模糊,各学科之间相互渗透、相互促进,新兴的交叉学科不断涌现,成为普遍的现象。为了满足用户的具体应用需求或提升其应用效果和体验,实践领域经常采用多种技术融合来构建解决方案。例如,对图书馆服务而言,可综合应用定位、传感、大数据分析等技术可以实现与位置相关的多项服务;而综合利用3D建模、虚拟现实和增强现实等技术,可提供基于虚拟场景的服务,给读者提供更真实的感官体验。因此,图书馆人要多学多看、积累知识、拓宽视野,寻求不同科技与文化融合的发展方案,以实现更好的发展和创新。

(3)大数据成为核心资源

大数据的产生源于现代科技的应用。公共图书馆在数字化、智能化发展过程中积累了大量的文化内容、服务、用户等业务数据,这些数据能为图书馆的服务和管理提供更多的支持和帮助,具有极高的价值。因为技术标准的差异,不同的平台间的数据格式和类型是互不兼容的。而传统数据技术和计算方法很难满足对海量数据的即时处理需求。但是，随着大数据存储、传输和人工智能技术的发展，大数据的处理问题已经有了很好的解决方案。随着大数据相关技术成功地应用于实践，曾经沉睡的大数据资源已成为图书馆关键的核心资源。通过大数据挖掘、大数据分析，读者需求等主观信息，图书馆能够更好地了解用户需求，提升资源价值，并为实施更具针对性和有效性的文化服务提供重要保障。

（4）形成科技文化新业态

随着现代文化和技术的发展，数字阅读、快餐式和碎片化阅读正在成为主流的文化消费形式，而智能设备的迭代也提高了人们对阅读和展示的体验需求。然而，传统文化内容因呈现形式不够灵活且互动体验不足，难以吸引读者的视线，这是传统文化推广所面临的发展瓶颈。科技的不断创新和发展为传统文化复兴提供了新的平台和手段，文化繁荣正迎来前所未有的机遇。未来，文化科技领域将成为图书馆发展新业态，在科技手段的加持和引领下，中华优秀传统文化的推广将会迎来更好的发展。

（二）文化科技助推传统文化传承多元化发展

在全球化和现代化的今天，文化变迁已是不可阻挡的趋势，传统文化转型成为历史发展的必然。借助科技的力量，我们能够更加有效地推动中华优秀传统文化的传承和发展。同时，在新媒体、文创、文旅等优势产业的带动下，通过打造具有影响力的文化IP、丰富传统文化的体验和传播方式等措施，中华优秀传统文化的保护传承将成功实现转型升级跃上新的台阶。

**1. 文创新赛道的探索实践**

在2016年5月，国务院发布了《关于促进文化文物单位文化创意产品开发的若干意见》，强调要充分调动文化文物单位的积极性，提高其文化创意产品的研发能力，从而形成一套形式多样、特色鲜明、具有创意且竞争力强的文化创意产品体系。为贯彻落实中央要求，文化和旅游部（原文化部）确定和备注了37家副省级以上公共图书馆作为国家级试点，共同探索并开展文化创意产品开发工作。

经历了独立探索的初级阶段后，在国家图书馆引领下的"图书馆+文创"正朝着规模化、可持续化的方向发展。自2021年起，为了更好地满足消费者对文创产品的需求，公共图书馆的相关研发和推广工作一直在有条不紊地推进之中，取得了显著的成果，且呈现出良好的发展态势。同年7月，国家图书馆第一个大型文创空间建成落地，为图书馆的文创运营与生产提供了可参考的模板。此外，越来越多的地方公共图书馆也对文创发展目标进行了规划。例如，山东省图书馆依托文旅产业，以文创促进图书馆阅读的有效延伸；四川省"十四五"规划指出，通过开发文创产品来激发公共图书馆服务的新活力。

（1）文创产品与文化推广"同心协力"

2017年，全国图书馆文化创意产品开发联盟在北京成立。该联盟旨在协调全国图书馆资源，通过联盟的共享共建来推动图书馆文化创意产业的发展，以最小的投入产生最大的效益。2019年，国家图书馆启动了"敦煌莲花包项目"，文创产品敦煌莲花单肩包获得了好评如潮。该产品的设计灵感源自敦煌遗书的经典元素。

同年，国家图书馆文创艺术品商店正式开业。商店不仅提供了《从〈诗经〉到〈红楼梦〉》创意笔记本、信纸、帆布包等产品，还设置了培训区、互动区和休闲区，可用于举办讲座培训和交流分享活动。例如，山东省各级图书馆开设了"尼山书院"，挖掘孔子故里的独特文化，常设活动包括经典传习、国学新知、礼乐教化等板块；大连图书馆白云书院采取多种措施推广国学阅读，包括创办刊物《白云论坛》，组建经典曲目吟唱团在重要时间节点进行集中表演等；福建省图书馆与福州市植物园合作，共同建立"公共图书馆＋专题书院"模式，根据专题方向精选了2500余册各类刊物和图书，主要内容包括植物花鸟、少儿绘本和福建传统文献等，并通过文创产品体验、互动等方式寓教于乐，让旅游与文化体验相互促进，共同发展。

图书馆一方面挖掘典藏资源的传统文化内涵并推出文创特色产品，将存在于文字中的抽象、枯燥的传统文化带到现实，用实物传递历史情节；另一方面塑造传统文化情境，丰富传承方式，用读书环境带动传承，让读者在不知不觉中快乐地掌握传统文化内涵。

（2）准确定位与粉丝效应"王牌营销"

"故宫淘宝"于2010年上线，开始销售各种文化产品。随着时间的推移，故宫文创产品逐渐确立"萌"化定位，不仅推出了面向女性消费者的美妆系列，还推出了《千里江山图》主题折扇等生活用品。

故宫的文创产品定位为"反差萌"的气质，其中有公众广为熟悉的"朕真的不知道怎么疼你"折扇、"朕不能看透"的桑蚕丝眼罩、乾隆皇帝比剪刀手的表情包、"奉旨旅行"行李牌等有趣好玩的产品。这些产品兼具艺术性、实用性和文化内涵，比传统的千篇一律的"旅游纪念品"更具吸引力。此外，文创产品的图案元素表达了富贵、吉祥、长寿等美好寓意，是文创产品所附加的价值内涵。

故宫通过"反差萌"的手法打破了传统文化的厚重印象，使传统文化变得更加生动有趣。这种新颖的表现形式为传统文化的传承注入了新的活力和传播动能，让更多受众喜欢、接受。这已成为传承传统文化的一种重要策略。

（3）文创设计与IP授权"创新发展"

通过IP授权，国家博物馆与第三方机构优势互补、协作共建，对文化资源进行现代化包装形成文创产品，以此来推广传统文化。这种合作方式将传统文化内容带出博物馆大门，让亿万民众可以近距离欣赏传统文物的精妙之处，领会传统文化的内涵。文创产品无论是四羊方尊、霁青金彩海晏清河尊、粉彩杏林春燕文瓶等同比例复制品，还是书签、笔记本、丝巾、环保包等衍生产品，都让观众对文博产品有了更直观的体验，吸引了上百万的粉丝关注国博天猫旗舰店。

**2. 视频新媒体的传承实践**

随着数字通信技术的快速发展，视频逐渐明显地替代了文字。利用视频资源可以使得传统文化内容更加生动、真实，同时还能够反复播放和复制分享，这一特点进一步扩大了传统文化的传播范围，保证了传统文化的传承。此外，影像资料易于保存，为传统文化的保护提供了保障。

（1）创新短视频呈现方式

短视频是数字传播的纽带，也是新媒体时代文化传承创新方式。截至2022年底，短视频用户数量已超过10亿，其碎片化制作、视觉冲击力强、互动性强的特点吸引了无数网民的关注。在短视频出现之前传统文化内容在大众化传播方面举步维艰，如传统手工艺传承后继无人，传统戏曲节目收视率低迷等现象都不是个例。但是，短视频给传统文化传播带来了惊喜,带动了传统文化内容与现代科技融合,促进了传统文化的爆发式传播。

传统诗词的推广方式常常会让年轻人觉得晦涩枯燥,然而,通过改换呈现方式,以通俗幽默的短视频进行讲解却在抖音平台上收获了意想不到的欢迎。例如,华中师范大学著名学者戴建业教授的讲解方式个人魅力突出,他在课堂上巧妙地调侃了陶渊明笨拙的耕种技能,如忙得"带月荷锄归",但最终落得"草盛豆苗稀"的收成。戴老师以轻松诙谐的个性化表达与网友共赏古代诗词,受到年轻人的欢迎。抖音平台推出了"谁说京剧不抖音"计划,其中京剧演员王佩瑜经过多年的努力终于成为一位出色的京剧表演艺术家,然而她发现舞台下的观众越来越少。近年来,她积极尝试多种方式来推广京剧,缩短百姓与京剧之间的距离感。例如,在抖音平台上,她抓住了短视频火爆的时机,为抖音话题"我要笑出国粹范儿"录制了示范视频,吸引了大批模仿者和京剧粉丝的关注,让年轻人以更加轻松快乐的方式感受国粹的精髓,接受传统艺术京剧。在抖音平台上,以短视频形式呈现了黄梅戏《女驸马》精彩片段"为救李郎离家园,谁料皇榜中状元,中状元着红袍,帽插宫花好呀,好新鲜哪",以通俗易懂的方式进行演唱,伴随着活力四射的舞美动作,引起了广大年轻人甚至外国友人的转发和模仿热潮。此外,抖音还推出了多种传统文化的动态特效,例如时空穿梭、变脸等,同时为制作者提供视频剪辑、画面拼接等视频制作技术支持,让制作者可以更加积极主动地进行创作。其中,川剧变脸是一个例子,通过综合运用抖音的配音、配乐、特效等技术,大大降低了从台前表演到幕后化妆等全流程的表演门槛,让观众都有能力参与进来,轻松领略到传统文化的魅力。这些创新形式使得传统文化更易于接受，同时也更加有趣，更加深入人心。人们不再局限于在教室或剧院里，而是可以在乘坐交通工具或睡前等碎片化时间内随时随地能接触传统文化，实现了让更多人能够掌握那些原本似乎高不可攀的知识的目标。

短视频在促进共同价值认同和价值共创的同时，也为传统商业运营模式带来了改进。首先，短视频开发了全新的商业运营方式，如直播带货和内容付费等，同时也提高了传统文化景点和老字号的广告价值，使得它们成为热门的打卡地点，并通过短视频平台（例如抖音、快手）获得更高的曝光度。其次，短视频平台推动了传统文化知识产权产业的发展，通过整合线上线下服务网络和平台运营管理流程，创意社群促进了乡村经济的繁荣，同时也成为中华文化输出的典范媒介。例如，"李子柒现象"的成功可归因于传统文化潜移默化式传播和短视频平台全方位的策划和运营。

（2）创作优质长视频作品

与短视频强调的娱乐性、灵活性、传播性不同，图书馆、博物馆等传统文化传承机构更注重"精神内涵"的挖掘和呈现，通过制作优质视频，传承经典文化。

国家图书馆"国图公开课"活动定位为普及教育，旨在减少消除读者在特定领域的认知误区和知识盲点，帮助读者形成健全的知识体系结构。通过视频形式，"国图公开课"创造了专家学者带领读者一起学历史、读经典的机会，以美丽动人的场景画面和简洁趣味的表达方式，对传统文化与当代文明、日常生活与全球时政等多个领域进行诠释和比较，深化对中华优秀传统文化的推广和传承。这些视频资源一般包括学习教程、阅读资源、实践体验、互动分享四个部分。近年来,文博类综艺全面兴起。故宫博物院参与了《国家宝藏》《我在故宫修文物》等文化专题片的录制。专题片制作精良,以独特的视角讲述了传统文物所蕴含的历史文化价值以及鉴赏和保管方法等知识,取得了良好的播出效果。这一类传统文化综艺化节目专注故事化表达与仪式化呈现,节目古典气息浓厚,以诗性语言重新解读了传统文化的当代内涵,凸显正向价值引导,让观众感受到了品生活之美和寻找文化基因的重要性。

除了用于讲授和传播知识,视频资源还可以很好地充当资料保存的手段。这些重要的知识资源将会以数字资源形式被永久地保留下来,成为人类知识积累中不可或缺的一部分。

### 3. 数字文旅的实践探索

随着5G等现代通信技术的不断发展,物联网、增强现实、虚拟现实、高清视频等技术的发展,对日常生活、社交互动和消费服务领域都产生了深刻影响。在这些新技术的帮助下,传统文化推广迎来了新的发展空间。

(1)智慧化旅游体验

现代科技已成为可视化、数字化表达文旅资源的新型手段。5G、人工智能、虚拟现实等技术,极大地提升了游客的旅游体验。例如,线上平台不仅能够提供有针对性的路线规划和地理定位等服务,还可以通过扫码等方式记录旅行轨迹,通过视频记录旅游见闻。同时,可穿戴设备还可以实现智能支付、语音导航、语言翻译、场景呈现等功能,丰富了游客在途中和不同景点的旅行体验。在技术加持下,便捷的出行与良好的旅游体验使游客更愿意走出家门,深入体验景区中蕴含的传统文化。

随着沉浸式产品的不断涌现，以自动导览、数字化体验等为代表的全新的旅游形态迅速崛起。沉浸式技术可以为读者提供身临其境的体验感，走进虚拟场景完成与景点的互动，将景点的自然与人文等传统文化内涵传递给游客，带来智慧体验的升级。在消费体验升级和安全体验升级方面，主要表现在游客进入景区前，可进行电子身份验证，统筹掌握客流情况合理安排需要排队项目及采取相应的措施疏散游客等，5G技术在这些方面发挥着重要的监控和防范作用。例如，在西湖景区，巡逻机器人"小义"熟练掌握人工智能、云计算和大数据等技术的综合运用，除了能协助民警完成巡逻等基础性工作之外，还可以回答游客的旅游服务咨询，成为景区最称职的员工和形象代言人。

（2）场景化虚拟旅游

"云旅游"一直是人们讨论的热门话题，因为它打破了时间和空间的限制，为文化传承提供了新的承载路径。

利用虚拟现实技术进行虚拟旅游，给人们提供了通过手机深入景区完成游览的渠道。但是这种模式只限于提供视觉和听觉的体验，对于其他的感官体验，比如对景区清新的空气和林间的微风拂面而来的感觉是无法提供的，因此文化内涵的传递成为虚拟旅游需要格外突出的重点。通过讲解，向游客介绍景区蕴含的文化精髓和历史故事，让人们足不出户，仅凭掌上手机就可以身临其境地学习传统文化，丰富知识储备。如今，许多旅游景区都推出"云游"服务，让公众足不出户也能赏奇观胜景、享文博盛宴。携程发起了"景区云旅游"活动，免费向公众开放全球48个国家、832座城市、共计3000多家景区的7000余条语音导览产品；中国国家博物馆、敦煌研究院、甘肃省博物馆、苏州博物馆、西安碑林博物馆、三星堆博物馆、寿光蔬菜博物馆集体在淘宝直播间在线开馆，拿出最好的藏品，带领观众看国宝级文物，重走"丝绸之路"，品江南风韵。

## 二、文化科技背景下公共图书馆传统文化传承展望

### （一）科技对公共图书馆传统文化传承的影响

通过对文化科技背景下传统文化传承现状的了解可以看出，传统文化传承在数字技术背景下，内涵更加丰富，形式更加多样，呈现以下重要特征。

1. 文化内涵更加丰富

科技的发展打破了传统文化传播的时空界限，也因此传统文化的内涵变得更加丰富。在时间上，传统文化的传承与学习不再受时间限制，可以是整块时间的学习，也可以是整块时间与碎片化时间的结合；可以在固定时间学习，也可以在任意时间。同时，传统文化的学习内容也从历史知识变成了当下知识，从回到过去想象着学习，变成了活在当下感受着学习。因为科技的力量，传统文化的传承效能得到显著提升。在空间上，传统文化的学习不再受地域限制，足不出户，就可看遍大千世界，甚至在国外也可以身临其境地学习中国传统文化，真正实现了用科技云游四方。在内容上，借助科技力量传统文化迈出了国际化的步伐，通过各种文化的兼容并蓄，传统文化在传承中不断创新与完善，内涵也变得更加丰富。

2. 知识图谱更加完善

传统方式下，文化传承主要依靠老师讲解和书本查阅。在这种

方式下，知识的学习往往停留在"散点"阶段，难以形成完整的知识链条和体系，而且不同知识点之间的关联性也难以体现，无法实现知识的交叉融合。在新技术背景下，人类知识储备在不断丰富，知识总量也在快速增长，知识不再像过去那样零散存在，而是相互连接形成了复杂的知识网络。随着知识图谱和大数据搜索等新技术的出现，传统文化中的各个知识点被连接起来，"关联学习"成为一种升级的思维模式，不仅能够加深对原有知识的理解，还能够提升对整个知识系统的运用与掌握程度。这种方式让传统文化的知识图谱不断丰富，也让普通民众能够在学习过程中构建自己的传统文化体系，从而使传统文化得以更好地传承和发扬。

### 3. 传播效果全面优化

数字技术的出现极大地提升了知识传播的效率。不论是新知识还是传统文化，都能够以低成本、高效率、大范围、可反复的优势方式传播给受众，使受众在学习的过程中感受数字化学习的魅力。此外，数字技术能够帮助人们快速查询并解决新问题，也在一定程度上提高传统文化传承的效率。数字资源的存储和传播具有海量、便捷的特点，只需占用很少的物理空间，就能够对数据进行大容量、长时间的存储，为人类知识储备和传统文化传承提供了重要的助力。

### 4. 传承形式更加多元

传统的文化传承形式通常是老师讲解、学生学习。但是，在数字科技的发展背景下，传统文化传承方式变得更加多元。通过虚拟现实技术，传统文化学习的互动性得到了显著提升；视频、虚拟现实和文创产品等方式的引入，让传统文化传承变得更加直观、有趣，真正实现了"寓教于乐"的目标。文化与科技的融合，将传统文化带入大众生活，使传统文化传承有了质的提升。让传统文化变成现代生活的重要组成部分，将传承化有形为无形，才是传统文化真正的传承。

### 5. 供需双方互动良好

随着数字技术的飞速进步，传统文化的传播效能显著提高，传承人和受众的人数也在快速增长。数字技术的促进效应是双向的，对传承人而言，传承传统文化不再受时间和空间限制，传授方式变得更加灵活多元，也更加方便快捷。此外，数字传播为传承人带来了更大的舞台和更广泛的受众，传承人在关注度、成就感和物质报酬的层层激励下，自觉自发地提高传授的积极性，进一步促进了传统文化传播质量的提高。对受众而言，数字技术为传统文化受众提供了随时随地接受传统文化熏陶的机会，无须付出更多时间和金钱即可感受传统文化的无穷魅力。在日常生活中，人们可以轻松地通过各类视频、文创产品和虚拟体验等途径接触传统文化信息，并与朋友交流分享其中印象深刻的片段或细节。在这样的传播模式下，无须更高的专业水平和更多的知识储备，每一个传统文化的接受者都有机会成为传统文化的传承人。传承人与接受者的良性互动、正向激励，让传统文化传承的内涵、参与的主体不断丰富，对新时代传统文化传承起到至关重要的作用。

### 6. 内涵挖掘亮点突出

从对传统文化传承实践的分析可以看出，即使是在新技术背景下得到广泛传承的传统文化，其内容大多数都是早已存在的，只是之前尚未被认识、被重视，或是传承渠道不畅通。在文化科技融合的背景下，我们需要以全新的传承思路重新审视传统文化资源，整理馆藏传统文化资源存货，以实现存货资源的再生产、再利用和价值的再创造。这成了图书馆传承传统文化最为重要的任务之一。

图书馆的丰富馆藏资源为其传承传统文化提供了重要的内容来源。作为传统文化典籍的存储机构，图书馆馆藏内容极为丰富，任何传统文化内涵均可以在图书馆馆藏资源中找到蛛丝马迹。在新的技术环境和不断变化的受众需求下，为图书馆馆藏资源挖掘带来新的方法与思路。利用新技术，对馆藏资源进行再研究，打破传统的思维模式和束缚，让沉淀已久的内容"活"起来，焕发出生命力和吸引力。通过将图书馆馆藏资源与新技术融合，可以创造出更多的火花，让更多的传统文化被大众学习和掌握。

### （二）公共图书馆传承传统文化的创新发展

随着"互联网+"时代的到来和科技加速变革，中华优秀传统文化的传承和发展呈现出前所未有的新特征。公共图书馆在传承传统文化方面也需要紧跟时代的步伐，不断寻求创新和发展的方向。

#### 1. 引导多主体协作共建

利用信息技术和新媒体技术作为支撑，现代公共文化体系得以形成有效的组织机制，实现跨界管理、上下联动、纵横结合。公共图书馆可与政府、高校和企业之间协作互动，促进传统文化在文化科技融合背景下的传承和发展。

在具体实施过程中，可以着重从以下几个层面开展工作。第一，建立和完善投资保障机制。采用监管立法手段，强化产权保护力度，鼓励创新和融合发展，为新技术环境下的新业态发展提供良好的制度保障。第二，健全多方共建的投资体系。采用政府和民间资本的融合方式参与投资，建立多种资本和多方主体参与的传统文化建设实体，利用政府资金引导社会资金的配置。第三，促进多主体良性竞争。通过市场化机制引导参与主体进行良性竞争，促进文化产业内容创新，优化文化产业服务形式，激发市场参与者活力。第四，扩大传统文化传承覆盖范围。以数字技术为支撑，传统文化传承的受众已不再局限于专业人士，全民、全域传承的概念必将得到更广应用。

### 2. 以内容挖掘带动文化内涵表达

文化产业发展的核心在于内容的创作。公共图书馆可以利用新技术重新审视传统馆藏资源，以实现对馆藏资源的新挖掘。同时，还可以通过技术手段实现对各种传统文化的继承和传播，促进不同主体之间的跨时空和跨领域合作，从而激发出更加丰富的文化内容。

基于新的技术环境与受众特点，以新技术思维重新开发和挖掘馆藏资源，让老存货焕发新价值。第一，要加强技术转化。发展文化科技产业最紧迫的任务就是促进传统文化产业的结构升级，生产高附加值的高新技术产品。以图书馆、博物馆等传统文化机构的资源库为依托，以新技术的传播为抓手，加快文化内容与传播形式创新，以技术赋予文化传承新的内涵。第二，要创造技术合力。在文化产业发展过程中，协作共建促进技术研发，建立各类技术的共同应用平台，加速文化产业基地的建设。创立文化创意产业资源共享服务平台，通过数字娱乐产业示范基地、艺术作品开发中心、新媒体产业基地、工业创意产业基地、科技密集型孵化器等方式提高专业服务效率。同时，完善技术标准和规范体系建设，加强市场秩序，强化知识产权保护力度，完善产业链和技术链，组建强大的技术联盟，形成集群效应。第三，要创新技术内涵。通过将传统文化融入技术革新过程，带动技术创新发展。这种带动效应不是单方面的融合而是双向奔赴，实现传统文化和科技的相互渗透交叉，赋予传统文化新的意义和内涵，从而在技术进步中提升传统文化的价值和影响力。

### 3. 以个性化服务增强用户体验

读者是传统文化的接受者、传承者、创造者，也是文化产业发展的消费者和推动者。因此，必须以读者需求为中心，提升读者体验，打造易于接受、易于消费、易于传播的科技文化产品，以实现传统文化更好地传承与发展。利用大数据分析技术，掌握读者潜在的行为习惯，为读者提供定制化的传统文化产品，将在极大程度上优化文化传承的效果。

对传统文化消费的主体而言，数字技术为传承人提供了更具体、便捷、易行的方式，以便更好地传授传统文化知识。因此，为了更好地传承和发展传统文化，需要从受众需求出发，提供更易接受、易消费的传统文化内容。传承人需要深入分析用户行为习惯和偏好，有针对性地打造个性化的文化产品。对传统文化消费的客体而言，技术含量更高的文化产品得到越来越多读者的认可，从而反向作用于文化市场的培育，促进了新文化产业生态的形成。例如，网络游戏产业的发展进一步刺激了文化消费，成为数字出版产业发展的主力军，而消费狂潮又催生了多元化的文化创意。

## 三、文化科技背景下公共图书馆传统文化传承实践案例

在文化科技融合趋势下，利用科技手段支撑和引领传统文化保

护与公共文化服务，借助新技术、新媒体、新产业等现代高科技手段，构建较为完善的现代公共文化服务体系已经成为当今公共图书馆实现自我革新和持续发展的重要途径。

### 1. 一馆一文创——全国图书馆文化创意产品开发联盟

2017年9月，"全国图书馆文化创意产品开发联盟"成立。该联盟以弘扬中华优秀传统文化为目的，以引领和推动行业文创产业发展为宗旨，为图书馆界文创起步晚、规模小、资源较为分散、品牌效应不强等问题提供解决方案，指导各成员单位通过文创研发、营销渠道、人才培养等资源的共建共享，提高图书馆文创研发整体水平。

（1）国家图书馆特色文创产品

《庆赏昇平》系列。《庆赏昇平》是国家图书馆馆藏升平署戏曲人物画册，上、下两册，97幅彩绘戏曲人物画谱，展现了9种不同戏剧演出的妆容。画册内所画穿戴与故宫所藏戏衣、盔头等实物相符，人物神态刻画极为精细，戏衣刺绣考究，绘制精工，与民间

▲ 国家图书馆庆赏昇平系列文创产品

戏班穿戴绝不等同。此画册既无文字记载年代，亦不著画者姓名，一般为清内府书画处书画人著录，据分析应绘于清咸丰、同治年间（1851—1874），是研究戏曲发展史的重要资料。

代表文创产品：庆赏昇平帆布包。产品特点：一是经典再现、趣味生动。正面引自《庆赏昇平》最有名的两个形象："公主""状元"，戏服刺绣考究，绘制精工，完美再现历史原貌。二是提取精炼、形象创新。画册角色以卡通形象重现，为大众所喜闻乐见。公主、状元、哪吒、孙悟空、门神，所选人物皆为家喻户晓的京剧角色，神态各异，栩栩如生。三是底蕴深厚、值得收藏。背面印制"国家图书馆"字样，深厚的历史底蕴，极具收藏价值。四是书香典藏、大雅意蕴。将传统经典之美融入现代生活美学，再现印章铭刻的古雅。五是色彩明艳、简约有型。图案印制精细，色彩明艳。包身制作优良，简约有型，风格质朴。

《永乐大典》系列。《永乐大典》成书于明成祖朱棣永乐年间，重抄于嘉靖前后，汇集上至先秦、下迄明永乐年间的图书七八千种，集合"书契以来经、史、子、集、百家之书，至于天文、地志、阴阳、医卜、僧道、技艺之言"而成，被誉为世间最大的百科全书式类书。《永乐大典》兼容并取，使所纳典籍基本保持原样，且多后世佚闻秘典，有"遗书渊薮"之称。《永乐大典》原书共 11095 册，历经朝代更迭、世事变迁，现存世仅 400 余册。国家图书馆藏有 224 册件，是世界上收藏《永乐大典》最丰富的单位。

代表文创产品：永乐大典笔记本。产品特点：一是寄情于礼、独具匠心。历经百年风尘，字里行间依然能感受到永乐皇帝命大臣编撰大典的雄才伟略。二是纸精墨妙、工致精美。纯白内页配以《大典》

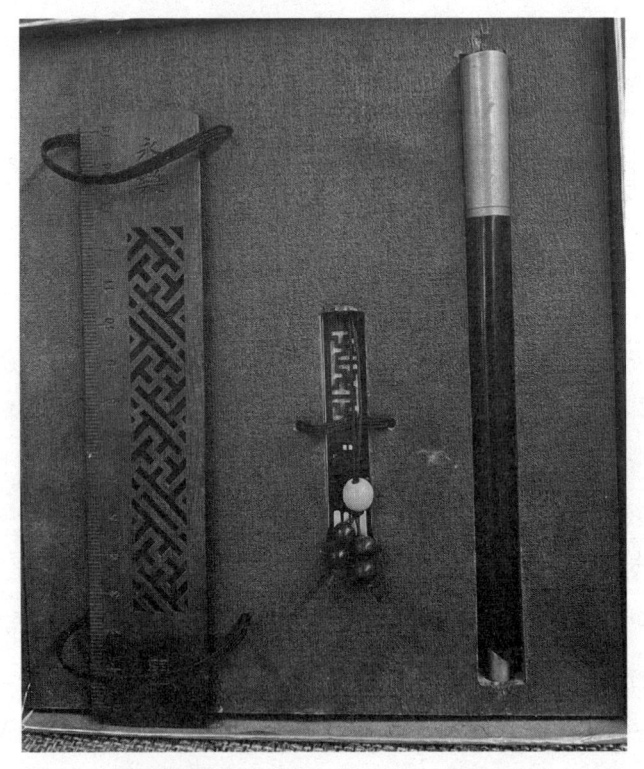

▲ 国家图书馆《永乐大典》文房三件套

插图，独具风格与雅韵，尽显皇家庄重品格。三是简约设计、留白独到。笔记本款式简约大方，意境耐人寻味，凸显"永乐"印记。永乐大帝，远迈汉唐，曾言"斯民小康，朕方与民同乐"。

（2）甘肃图书馆特色文创产品

仕女图信封。仕女图信封素材来自清代馆藏顾洛的仕女四条屏，四张仕女图，每张人物、造型、画风都有不同。设计师在设计这样一款具有人物画风的作品时，采用画布纸彩印的方式突出历经年代仍未褪色的古典气息。把它做成信封也是一种希望和继承的延续，用小小的信封记录、传播中国古代与现代文化的绵延不息。

蝶恋花信笺纸。蝶恋花信笺纸素材设计灵感来源于馆藏清代花卉蝴蝶图册。信笺纸采用馆藏花卉蝴蝶图册，一套12张，取原图三种蝴蝶花卉构成图案，巧妙应用在信笺首尾页，用古风古韵还原了古人特有的书写方式和书写纸张。

《四库全书》便签本。分别用绿、红、蓝、褐四色代表经、史、子、集四部，囊括儒家经典、历史著作、诸子百家、诗词歌赋。《四库全书》特有的装帧方式和包装特色，体现了古人的高度智慧和学术风采，是一款时尚与古典结合的文创产品。

（3）宁波图书馆特色文创产品

要博览或专精者，到图书馆去；要探索诗和远方者，到图书馆去；要巧遇者，到图书馆去；要解惑者，到图书馆去；想知道十万个为什么，到图书馆去。宁波图书馆出品的到图书馆去帆布袋系列分别以奶白、深咖、深灰、藏青、明黄五种配色对应以上的五句经典。到图书馆去的文案取自于宁波图书馆馆藏古籍《浙江鄞县县立图书馆图书目录》里的原话。设计师结合现代的设计手法，把原本躺在古籍里的话，鲜活地表达在环保袋上，深受广大读者朋友以及来宁波的旅客的喜爱。宁波图书馆倾力打造"到图书馆去"这句口号，让"图书馆行走在每个角落"，兼具设计感与文化内涵，呼吁更多的人到图书馆去。

**2. "《永乐大典》VR全景文化典籍"实践探索——国家图书馆**

国家图书馆打造的"《永乐大典》VR全景文化典籍"项目，是将虚拟现实技术与古籍文献阅读服务相融合的应用创新。该项目以"时空重构"铺陈宏观全景视野，微观叙事注重细节"形神兼顾"，打造了"入幻出实"的古籍历史美学，并通过布局主题宣传矩阵实现了富媒体化传播，为用户提供更好的沉浸式阅读体验。

(1)以"时空重构"铺陈宏观全景视野

宏观全景视野即从多方位视角构建开阔的视野和宏观的构架，多角度呈现《永乐大典》的史实全貌，充分展现文献内容的篇幅浩大和历史事件的恢弘复杂。VR《永乐大典》采用"1+2+5"模式，"1"是一个主题，"2"是上、下两部，"5"是五个篇章。VR在时空的纵深感呈现方面具有得天独厚的优势，VR《永乐大典》按时间顺序铺展《永乐大典》的著录、劫难和归藏的历史进程，在空间层面上运用主题画面拼接组合的形式构建全景的虚拟场景，展示特定的历史事件或历史情境，从而构建出一个宏大的时空叙事架构。从典籍渊数、品貌非凡到战火纷飞、饱受劫难、流散天涯，再到传承守望、静显辉煌，在大跨度的历史时代背景中呈现立体化的人物群像和大体量的典籍图像，勾勒出中华典籍的传承历程，既凸显典籍文献的内容细节，又营造出历史的厚重感，铺陈出时间的绵延感，对《永乐大典》作为"世界有史以来最大的百科全书"的巨制体量进行充分打造和展现。

在制作过程中，传统的图像拼接方法能够简单易行地合成全景效果，但会导致画面失真和图像离散等问题，策划团队创造性地在全景空间中进行空间搭建、角色塑造等创作活动，为成片后的效果一致性提供了有力保障。在技术应用上，使用专业摄影技术对国家图书馆古籍馆的实地环境进行360度全景记录，通过后期技术处理，构建古籍馆的三维游览模型。

(2)微观叙事注重细节"形神兼顾"

VR《永乐大典》的全景视野将观众带入宏观的叙事结构中，而微观叙事则需要润色细节特征，不仅"塑形"，更要"传神"，通过细致入微的细节架构还原人物群像,力求刻画更深层次且具有真实感的历史细节。VR《永乐大典》以重大历史事件和典型历史人物为核心,用历史故事将其串联起来,融合视频、背景音乐、解说和动画特效,实现多点漫游和360度全景展示,打造宛如真实世界的效果。整套内容制作的重点细节包括:场景环境3D建模、人物要素3D建模、古籍书影仿真、交互内容的逻辑实现。

场景环境建模在考察大量历史资料的基础上,虚拟复原历史场景,例如养心殿和皇宫内景,根据室内布局,分场景进行三维模型设计。在对每一个场景元件进行确认后完成三维虚拟形态的渲染与还原,例如大门、地板、天井、墙壁、书架、匾额、桌椅、器物等。VR《永乐大典》中各类品级官员的服饰以及侍女、书童、码书童的服饰、编书的场景、书架的样子和书的摆放形式都以《中国明代家具图录》《明代宫廷家具史》《明代职官制度与官员服饰》《明画全集》等文献图册作为参考,天文、医学、技艺、经、史、子、集对应的插图都出自国家图书馆馆藏的《永乐大典》文献。

人物要素建模较为复杂,面部和服饰是人物建模的中心。面部建模包括五官、颧骨、眉骨、鼻骨、下颚等大致走向,制作团队通过对古画中的人物面部形态进行提取,导入建模系统,采用拖拉并点方式逐步描摹面部形态。

古籍书影仿真利用flash3D技术构建三维化的古籍图像,对古籍书首、书背、版面、版心、版框等版式进行还原,提取书影中的插图画面,通过位置插补器和时间传感器模拟三维书籍翻页效果和插图的动态特效。《永乐大典》善本原件单册高50厘米,宽30厘米,在虚拟还原过程中,需要确认其与人物身高的比例关系,并呈现黄绢包背、台阁体书体、勾线插图等细节内容。

交互内容建立在各模型组合的基础上，将场景元件和人物行为模型进行组合，生成全景图，在定义场景颜色、光照、视点、动画、朝向等属性后，通过编辑器实时调整环境效果，生成仿真场景。每一个场景都是全景图的一个节点，根据节点空间位置、动画视点和观察方向的不同，用户可以在漫游中实现前进、后退、转弯、环视的效果。

（3）打造"入幻出实"的古籍历史美学

《永乐大典》本身具有极高的美学价值，其版式之美、纸张之良、书写之秀、插图之工都具有很高的鉴赏价值。在利用全新技术手段进行画面设计时要遵循文献本身的创作背景和美学意境，用现代化审美把文献本身的艺术表现力和中华文化价值融合起来。

在色彩呈现方面，VR《永乐大典》沿用明代绘画艺术风格，抽象化表达古籍情境，尽量还原原始版本《永乐大典》封面的颜色，凸显《永乐大典》的时间厚重感。画面整体采用古画的色调风格，既体现《永乐大典》皇皇巨制的皇家气派，又表现其历经沧桑的多舛命运。

在文献细节呈现方面，VR《永乐大典》兼顾版式、纸张的"虚静"之美和字体、插图的"动美"之秀，为了最大限度还原原始文献质感，制作团队将文献画面拆分为多个元素，在三维空间中对元素进行重新组合，以保留"真实"的质感。为表现《永乐大典》编书时间之长，制作团队以写意方式在背景中插入了春、夏、秋、冬的四季流转画面和梅、兰、竹、菊"四君子"等细节，不同主题画面之间的切换采用不同旋律的背景音乐进行诠释。

在VR《永乐大典》的最后一个章节中，设计团队将《永乐大典》的书架飘浮于主画面周围，透过菱花双龟背纹饰的隔窗，营造阳光星星点点洒于满壁书册之上的效果。金灿灿的光芒照亮整个场景，以此显示古老与现代、历史与回忆的交融。旋律悠扬的背景音乐彰显了"国运昌则文运盛"，今天的《永乐大典》受到了前所未有的重视和保护。VR《永乐大典》让读者在获得感官愉悦的同时产生情感共鸣，并认同古籍文献的独有价值，从而进一步增强公众的古籍文献保护意识以及对民族文化的归属感和自豪感，进而激发公众对中华优秀传统文化传承与发展的热情。

（4）布局主题宣传矩阵，实现富媒体化传播

在VR《永乐大典》的发布环节，为了让读者充分感受《永乐大典》的历史文化魅力，国家图书馆将5G边缘云计算技术应用在服务中，保障了多用户并发、多线程提速、多终端稳定的服务效果。同时，国家图书馆还综合运用多种新媒体平台开展线上线下联动宣传，布局沉浸式阅读体验区，开发特色文创产品，配合智慧图书馆建设开展主题活动。

VR《永乐大典》以计算机二维及三维动画制作和VR摄像机拍摄的视频画面为基础，使用者在网络环境下可通过电脑屏幕、手机、VR手柄等设备自主控制视角，在全景虚拟环境下观看视频。VR《永乐大典》采用影视级制作引擎，以电影级别的3D立体、4K/8K、60fps高清晰度与高帧率输出视频，保证了作品内容的高质量呈现。策划团队自主研发了全景视频适配技术，一次制作、多向分发，搭建泛终端传播体系，涵盖270度三折幕大屏、智能电视中屏和VR眼镜小屏。因此，该作品具有广泛的服务适应性，适用于公共文化空间、

家庭文化空间和个人文化空间，能够满足不同受众群体的阅读和观看偏好。

在线上宣传中，国家图书馆通过官方微信公众号、官方微博、微信视频订阅号、抖音号、小程序进行内容推流，联合各地图书馆通过线上专题、微信转发等方式，实现对该项目的全国联动宣传。在线下宣传中，国家图书馆利用新阅读空间270度环绕LED三折屏幕和"阅读树"设备对VR视频进行循环展播，打造"沉浸式"阅读体验。同时，国家图书馆通过主办"珠还合浦 历劫重光——《永乐大典》的回归和再造"展览，推出了永乐大典文房三件套、永乐大典传世经典笔记本、"贵人不忘事"折叠便签本等多类文创产品。国家图书馆还利用文化文艺小分队下基层活动、"春雨工程"公共数字文化走基层等活动，前往革命老区、革命圣地开展VR古籍文化惠民活动，把VR视频服务送到基层，让公众在参与体验中增加对古籍的亲近感。

5G全景VR《永乐大典》作品一经推出，便引发众多媒体的关注，包括《新闻联播》在内的多家媒体进行了报道。同时，VR《永乐大典》也得到全国各级文化机构的关注，荣获第五届中国出版政府奖提名奖和全国文化和旅游装备技术提升优秀案例。协同联动的《永乐大典》主题宣传矩阵促进了古籍的分众化、社会化传播，让观众能够多层次、多角度地感受中华典籍与文明的厚重。

### 3. "云地标"建设与服务的陕西实践——陕西省图书馆

文旅融合背景下，陕西省图书馆立足于古都丰富的历史文化元素和省级文献信息资源富集高地这一优势，嵌入相关新兴技术，推动全省开展以"智能文化云地标"（下文简称"云地标"）为核心的新型数字文化服务创新，促使古都长安的历史文化禀赋与省图书馆的文献信息资源深度融合。

（1）延川乾坤湾的"云地标"服务实践

延川县是习近平总书记作为知青下乡插队的地方，也是陕西著名作家路遥的家乡，县内"乾坤湾"为当地AAAA级旅游景区，黄河在此有180°大转弯，景观独特却鲜有人知。延川县是国家贫困县，缺少财政资金对乾坤湾景区进行文化宣传。陕西省图书馆联合延川县图书馆在公共文化机构以及县域的各个景区设立了"云地标"，并整理了大量有关延川县地域的特色数字文化资源，将乾坤湾景区、文安驿古镇、路遥故居、梁家河红色教育基地等有机地结合，相互推介，为游客提供全方位、深层次的文化体验。游客在延川县境内只要通过一个"云地标"来阅览文化资源，那么"陕西公共文化云"移动服务端就会推介当地其他相互关联的内容。而且"云地标"所依托的"陕西公共文化云"还具备人工智能系统，游客只要将"乾坤湾"照片在人工智能系统里比对，系统就会将与"乾坤湾"有关的地理位置及所有文化信息呈现出来，并且延展到县域内安置"云地标"的文安驿镇、最美乡村梁家河、路遥故居等所有与之相关的文化资源。这不仅盘活了公共图书馆的数字文化资源，也因其即时、方便、快捷的检索模式深受游客和旅游部门的欢迎，为"智能文化云地标"服务在全省的试点工作打下了基础。

（2）文化扶贫进程中的"云地标"服务推广

习近平总书记曾说："扶贫必扶智，治贫先治愚。"近些年，文化扶贫已成为公共图书馆的重要职能。许多贫困县既是旅游资源的富集地区，但同时也是公共数字文化资源传输途径最为匮乏、需要重点扶持的地区，所以陕西省图书馆首先选择在贫困县大面积开展"云地标"的试点工作。从 2019 年 5 月开始，此项工作已经在陕西省的国家扶贫开发工作重点县和国家集中连片特困地区展开，截至 2019 年 10 月陕西省已向 26 个区县下发了"云地标"892 个。现阶段的"云地标"工作不仅是文化和旅游两领域之间深层次的资源整合，也是公共图书馆数字文化资源服务基层、以文化助力扶贫的大胆尝试。例如陕西省汉中市的贫困县佛坪，是全省人口最少的县，地处秦岭腹地，山多田少，农业基本条件差，自古交通闭塞，运输靠人力挑背。但县域内有国家级自然保护区，珍稀野生动植物资源极其丰富。"秦岭四宝"朱鹮、大熊猫、金丝猴和羚牛在此均有分布，尤其野生大熊猫的分布密度在全国最高，真正是"大熊猫的故乡"。如何以佛坪县独特的自然文化资源为突破口，对贫困县的大文化进行宣传，成为在当地设立"云地标"的主要试点任务。截至 2019 年 10 月，在佛坪县文旅局的支持下，在部分乡镇综合文化站、村文化中心以及人与自然宣教中心、县文化馆和图书馆、沙窝村红军旧址、仙果寺等公共文化机构及旅游景点设置 20 个"文化云墙标"、6 个文化地标，开设了"文化建设""历史传说""红色血脉""走进秦岭""佛坪旅游""佛坪非遗""佛坪博物馆"7 个文化主题频道。县图书馆邀请当地自然保护专家、历史学家共同整理文化内容，以短视频、短音频的形式重新盘活剪辑数字资源，抓重点、创特色，以"云地标"作为文旅融合的抓手，有效助力了当地的全域旅游工作，得到了当地领导和群众的一致好评。

（3）"云地标"促使唐诗与西安街区景观的有机融合

近年来，陕西省图书馆一直在思考如何进一步发挥现有产品的文化潜力，扩展"云地标"的服务领域。全域旅游的视角下，"云地标"不应仅仅用于景区景观的浅表性介绍，而应主动制造需求，进一步挖掘现有数字文化资源背后的地理信息，为具有更多文化需求的地区与大众提供更深层次的服务。

西安市社会科学院从2017年12月开始，在报送西安市委、市政府的《家西安·最自豪》研究简报中大量纳入了"诗话长安"项目的研究成果，以《清平调》《长恨歌》等唐代诗词歌赋为线索，以在西安居住过的唐代诗人如李白、空海等历史故事为素材，结合地方历史遗迹、文物，对其时代背景、生活方式、艺术造诣、地理位置等进行了趣味解读。时任西安市委、市政府主要领导从2018年6月开始，多次予以肯定性批示，提出了将唐诗文化和西安市全域旅游相结合的思路。然而，从全域旅游宣传的角度来看，纸质文献的大众传播具有一定的局限性。为此，陕西省图书馆提出利用本馆现有的数字文化资源，以可视化的方式通过"智能文化云地标"将该研究成果与长安历史地点相结合，利用"云地标"促使优质文化资源进入大街小巷，成为普惠广大基层群众、满足游客知识获取需要的新型数字文化服务。

2019年，改编自马伯庸同名小说的电视连续剧《长安十二时辰》在全国热播，剧中出现了永兴坊、兴庆坊、大唐西市等大量唐代长安的街坊名称和历史地名，引起了大众对唐代文化以及唐长安城108坊的兴趣，更多的年轻人愿意去深入了解这方面的文化内容。这种传统文化和流行文化的有机结合，恰恰是文化智能云地标的强项。这促使陕西省图书馆进一步思考应该如何利用好馆藏资源，梳理和建设唐代长安城的数字文化资源，通过"云地标"的建设为西安市旅游部门提供相关的文旅融合内容服务。

**4. 广西图书馆新媒体数字资源推广活动品牌——"云游广西"**

地方特色数字资源推广工作是公共图书馆的重要工作内容，是弘扬传统文化、传播文明的重要手段。广西图书馆打造了以新媒体推广为主的地方特色数字资源品牌活动"云游广西"，为广西地方特色数字资源的推广构建了一个高效的推广渠道。

（1）"云游广西"品牌推广模式

"云游广西"品牌活动主要依托微信公众号开展，由于广西图书馆15—35岁的读者群体占比达75.95%，所以"云游广西"将13—35岁的中青年读者定为活动的主要目标群体。下面以"云游广西·跟着阿图养猫猫"和"云游广西·图家门口看大戏"为例对推广模式做进一步说明。

"云游广西·跟着阿图养猫猫"系列活动为该活动的开局之作，设定的推广目标为中青年群体（广西图书馆主要读者群体），在分析了该群体的行为数据后确定活动以养成类的游戏为主，其形式类似于淘宝的"11·11"养猫活动，以中青年群体熟知的游戏类型开展，让读者一参与活动就能获得归属感，再通过做任务引导其阅读所推广的内容。完整的推广活动离不开高质量的推广内容，游戏能吸引读者参与，内容却是留住读者的核心，所以在内容的设置上，根据所推广目标群体的特点，"云游广西"前几期活动选择了广西特色美食、广西古村落等与美食、美景相关的资源，奖品以馆内文创大礼包和微信红包为主，轻松有趣的游戏加上优质的推广内容和精美的礼品，使"云游广西"迅速圈粉，也让参与者能迅速捕捉到广西地方特色数字资源的精髓，以优质的内容吸引读者去使用资源，实

▲ 广西壮族自治区图书馆——"云游广西·跟着阿图养猫猫"活动微信宣传页

现了有效推广。

"云游广西·图家门口看大戏"针对的是青少年读者群体，活动类型设置成少年群体喜爱的拼图游戏，游戏封面和游戏拼图均选自"广西戏曲动漫"资源库中的宣传图片,可爱诙谐的戏曲人物,形式简单有趣的游戏模式,让广大青少年读者对广西传统的戏剧有进一步探索的欲望,进而去访问数据资源库。活动期间"广西戏曲动漫"资源库是平时访问量的20倍,直至活动结束后,访问量也一直居高不下。活动成功将"广西戏曲动漫"推送给读者,读者通过游戏就能轻松地了解广西种类丰富的戏剧,有效传承和弘扬了广西优秀戏曲文化。

(2)"云游广西"品牌推广效果

"云游广西"一经推出便受到广大读者的关注,仅2021年就开展了27场,辐射人次近10万。2022年,广西图书馆对活动数据进行了盘活,在巩固原有粉丝的基础上开发边缘粉丝,推出了同系列的"八桂记忆"品牌活动,"云游广西"与"八桂记忆"联动开展,增设各种竞技类的小游戏,增强了活动的趣味性,主推内容为广西各地区的民族民俗,分区域分批次推广。"八桂记忆"于2022年初启动至今已开展4期,每场参与者近1000人次,两个品牌活动至开展以来辐射人次近20万。来自全国30个省、直辖市、自治区、特别行政区的读者参与了活动,让更多人知晓和了解了广西地方特色数字资源,不仅使广西当地人熟知了本地地方特色文化,还让广西地方特色文化走向了省外,有效扩大了广西特色数字资源的推广效能。

(3)"云游广西"品牌推广特点

线上、线下相结合。线下推广是读者长期以来较为习惯和熟悉的一种推广模式,线上推广模式是目前较为流行也更符合大众阅读习惯的推广模式,线上、线下推广既巩固了原有的推广群体又开发了新的目标群体。通过精简和优化原有的线下推广活动，合力集中做好已成型的品牌活动，如八桂讲坛、广图视频等，辅以线上直播模式，让读者云听讲座、云观展、云体验，读者可以突破空间限制接收推送信息，有效扩大了活动的影响力。此外，广西图书馆还借助年轻人喜爱的微信、微博、哔哩哔哩等社交网络平台，精选了有关广西戏曲、民族民俗、传统村落、地方特色美食等资源，开启了地方特色数字资源线上展播模式，并根据读者参与数据，挖掘读者的关注热点，适时更新资源，持续增加读者的阅读热情。

虚拟与现实的推广模式。VR 技术是虚拟与现实相结合的人机交互技术，是依靠计算机和传感器技术，以模拟三维现实而构造的虚拟世界。体验者可通过视、听、触等来感受虚拟空间。目前该技术深受大众喜爱，在商场等地随处可见 VR 技术的付费体验活动。广西图书馆针对阅读空间有高需求的群体引入 VR 技术应用于地方特色数字资源推广，在春节、元宵节、中秋节等传统文化节庆中设置与广西特色民俗相关的场景，供读者免费体验。如三月三体验做五色糯米饭和铜鼓制作等，新型的智能化设备，舒适的馆内环境，将地方特色与 VR 技术相结合，给读者全新的感官冲击，激发了读者对广西地方特色民俗的兴趣，进而去查阅和研究相关文献，推动地方特色传统文化资源的传播。

### 5. 辽宁省图书馆微信公众平台建设实践

2014 年，辽宁省图书馆正式开通了辽图微信公众平台。平台建设初期，通过分析读者的服务需求及现有的服务资源，同时参考了众多省、市级图书馆微信平台的建设，辽图对微信公众平台整体功能框架做出了全面细致的设计和功能规划，力争为辽宁地区读者提

▲ 辽宁省图书馆微信公众平台微服务大厅

供一个融快捷服务办理、活动、信息发布及数字资源服务为一体的综合性移动服务平台。同时为读者营造一个良好的用户体验环境，让读者感受到新技术、新思维所带来的服务上的创新和改变。

（1）辽图微信公众平台建设目的

辽图建立微信公众平台的目的有两个：一是拓展辽图读者服务范围、服务方式、服务内容，使图书馆服务更个性化、实用化和高效化，让读者不受地域和时间的限制享受到辽图提供的24小时在线服务。同时，为辽宁地区读者营造一个独特的、具有地域特色的文化生态圈。二是利用微信公众平台庞大的用户群体宣传辽图，使更多的人关注图书馆、利用图书馆，为读者提供多元化的信息服务手段的同时，也提高了辽图的读者服务水平，增强与读者的互动交流，达到双赢的效果。

（2）辽图微信公众平台的服务模式

微信公众平台有订阅公众号和服务公众号两种，图书馆微信公众平台既可以选择订阅号也可以选择服务号。辽图根据本馆实际需求，经过充分的调研和论证，最终采用了微信服务号形式。服务号是腾讯公司提供给企业用户，用于向粉丝提供服务的一种公众号。它给予企业和组织更强大的业务服务与用户管理能力，帮助企业快速建立全新的公众号服务平台，比订阅号的功能更全面。服务号平台主要偏重于服务交互，提供服务查询，可群发消息，并且所发的消息会显示在聊天列表中，用户会收到即时消息提醒。

①微信服务号平台系统架构

微信公众平台的建设理念来源于SOA（Service-oriented architecture）服务总线理论，即面向服务的体系结构，其是构造分布式系统的应用程序的方法。它将应用程序功能作为服务发送给最终用户或者提供其他服务方式，采用开放标准与软件资源进行交互。

SOA的核心主体是服务（Service）。所谓"服务"，从业务角度而言，服务是一个可重复的经过标准封装的任务，通过服务的流程化可实现业务的灵活性。辽图微信公众平台在基于SOA软件架构上，通过构建、操作管理标准的Web服务（Web Services）来实现不同系统的集成，采用平台相关的接口标准和文档格式，保证不同系统之间的互操作性；采用松散耦合的架构，支持服务的动态绑定和针对流程的服务编排。同时，其他系统可以通过统一的标准对接到服务总线里面，后台点菜式添加功能进行编辑，即可把服务功能调用到微信前端展示。微信公众号可成为一个多功能的服务大厅，向读者提供服务，极大地提高了微门户信息服务大厅的敏捷性和可扩展性。

②微信服务号平台的后台管理

微信服务号平台后台管理对接系统有活动管理系统、大数据分析平台、OPAC书目检索等，管理员登录后台一键即可编辑添加到微信端展示。第三方平台则按照服务总线的统一接口标准对接微门户信息服务大厅，也是同样的点菜式一键操作。

（3）辽图微信公众平台的设计思想与理念

辽图微信公众平台具有三大类即时服务功能：功能性服务、推广与发布、资源揭示。

①功能性服务

功能性服务主要体现在"微服务大厅"，如"图书续借""读者证挂失""二维码电子证""过期使用费""智慧墙"等。同时，我们将网上办理借阅证的功能在后台作为预留功能，随时可对读者开放。另外，在微信公众平台"辽图微悦"服务中，提供了读者网上办理"数字读者证"的服务。读者通过该功能自行注册后，不但能在微信端浏览和检索辽图数字资源，也可在辽图网站上检索、浏览和下载辽图所有的数字资源。截至2018年4月，通过网上办理"数字读者证"的人数已经超过31000余人。

2017年，辽宁省图书馆在微信公众平台推出了二维码读者电子证功能，该功能是辽图为读者提供的一项创新服务。辽图读者在关注和绑定辽图微信后，使用微信公众平台生成的二维码读者证即可在自助借还机或服务台借阅图书，不必再携带实体读者证，实现了读者无证借阅，切实地方便了读者使用。

截至2018年3月，仅"微服务大厅"就为读者提供了21项服务功能。2018年4月，通过对服务功能的再次精简，最终根据读者实际需求和使用保留了13项服务功能，同时也推出了最新开放的"网约图书"功能。

②推广与发布

与读者建立良好互动机制是图书馆为读者服务的一项重要工作内容。如今，辽宁省图书馆开展的读者活动内容非常丰富，各类读者阅读活动、竞赛、报告、讲座、沙龙、展览、表演等，都深受广大读者喜爱。而"辽图活动"栏目中的"微公告""活动报名""活动签到"等内容可以实现图书馆对读者的活动告知及与读者互动，实现了点对点为读者服务，随时让读者了解图书馆的各项活动动向，为读者节省了时间和精力。

③资源揭示

一个成熟的图书馆微信服务平台应当是一座突破时间、空间限制的移动图书馆。辽图微信公众平台的"数字阅读""在线试听""每周易读""统一检索"等内容，都是以互联网为依托，充分利用先进的通信科技与当前智能手机的普及很好地契合，在某种程度上讲，是将数字化阅读进行了无限的拓展与延伸。

辽图在微信公众平台的数字资源揭示上，充分考虑到人们使用手机阅读的习惯和大部分人的手机阅读倾向，在资源内容上明确了以休闲性、娱乐性为主要内容揭示。精选部分馆藏数字资源，并且以电子图书、报刊和精品短视频为主要发布内容，让读者在休闲之余也能利用图书馆的资源，同时考虑到年轻读者和少儿读者的需要，提供了大量的具有科普意义的精品视频数据库，如"知识视界""有声读物""公开课"等。

"辽图微悦"中的"统一检索"功能是为方便读者快速、准确、有效地在辽图海量数字信息中查找和获取所需的内容。读者可在微信版电子资源"统一检索"功能中检索辽图40余个数据库，其检索

▲辽宁省图书馆微信公众平台之辽图微悦

范围涵盖了期刊、论文、会议论文、博硕论文、评论、报告等数字资源，为读者提供了全新的应用体验。

（4）微信公众平台应用于图书馆服务的实际意义

①无限扩大图书馆服务的外延

随着互联网信息技术的飞速发展，信息更新甚至颠覆了信息原有的传播模式，分散化、多渠道传播成为趋势，图书馆信息发布面临移动互联网趋势下全媒体环境的挑战。如何拓展图书馆信息传播空间和渠道，实现从传统单一媒介平台为主向立体化多功能平台的转型，促进图书馆服务外延，有助于扩展图书馆信息服务的深度和广度。从传统的纸质阅读到以电脑为终端的数字化阅读，再到如今的手机微信公众平台的"数字阅读",图书馆服务的外延不断地扩大,提供给读者的便利指数也在不断攀升。

②提高读者满意度

按照未来发展的趋势,通过信息技术把图书馆所有信息装进口袋成为一种可能,体现图书馆的可信价值,图书馆的发展将进入一个崭新的时代,满足读者的个性化需求,极大地提高读者服务水平。同时,图书馆通过移动设备开展微信公众平台服务,延伸了图书馆服务时空,增加了图书馆与读者的互动交流,扩大了图书馆外延服务,使图书馆服务更加个性化、实用化和高效化。

无论是辽图微信公众号的"微服务大厅""辽图活动",还是"辽图微悦",无一不体现了目前图书馆读者服务的最高水平,真正践行了"资料随手可得"和泛在式的服务理念,使辽图的读者服务满意率也越来越高。

③提高信息服务关注度

如果推广宣传不到位,图书馆官网和其他组织的官网一样,很难逃过被淹没在浩瀚的互联网海洋里的命运。而点击率低,网站就会愈加疏于管理,如此一来就形成了恶性循环。在人们越来越依赖网络搜索引擎获取信息的时代,如何提高图书馆信息服务的受关注度变得日益重要,微信公众平台在这方面的优势显而易见。辽图微信公众号利用了微信可以推送消息的优势,定期推送活动通知、讲座预告、荐读文章等内容,这种信息传递方式是主动地进行,能激起受众的关注及被尊重感觉,因而更能让读者感受到辽图读者服务的主动和热情。

截至 2018 年 4 月,辽图微信平台读者共计关注人数为 53470 人。

"微服务大厅"是最受读者喜爱的栏目，2017年"微服务大厅"点击次数为312316次，点击人数为194717人，平均点击人次为1.6次/人。

④开展文化传播活动

图书馆是信息交流的世界，辽图微信公众平台起到了读者之间与图书馆之间相互沟通、交流的作用。通过微信平台为读者及时准确地推送自己所喜欢的信息，通过大数据分析本馆读者的阅读兴趣、活动兴趣和性别及年龄结构，并准确地为每一位读者量身推荐图书信息。同时，微信公众平台数字资源的揭示也强化了读者数字阅读的能力，为读者利用图书馆资源开辟了一条全新的、更具特色和人性化的知识平台，促进了读者和图书馆间的互动与分享。

（5）结语

微信公众平台使辽图在读者服务工作中获得了很多的灵感，并取得了一定的收获，在服务上事半功倍，公众的关注度日益增长。未来，辽宁省图书馆应持续拓展微信平台服务功能，丰富微信平台服务内容，更好地为社会及读者服务。

# 参考文献

[1] 习近平.高举中国特色社会主义伟大旗帜 为全面建设社会主义现代化国家而团结奋斗——在中国共产党第二十次全国代表大会上的报告（2022年10月16日）[M].北京：人民出版社，2022.

[2] 饶权，李致忠，陈超，等.滋养民族心灵 培育文化自信——感受习近平总书记给国家图书馆老专家回信精神[J].中国图书馆学报，2019（05）：4-14.

[3] 习近平.在中国文联十大、中国作协九大开幕式上的讲话[M].北京：人民出版社，2016.

[4] 陈先达.文化自信中的传统与当代[M].北京：北京师范大学出版社，2017.

[5] 张岱年，方克立.中国文化概论[M].北京：北京师范大学出版社，2004.

[6] 中国政府网.中共中央办公厅 国务院办公厅印发《关于实施中华优秀传统文化传承发展工程的意见》[EB/OL].[2023-02-01].http：//www.gov.cn/

gongbao/content/2017/content_5171322.htm.

[7] 冯天瑜，何晓明，周积明. 中华文化史[M]. 上海：上海人民出版社，2015.

[8] 龚贤. 中国传统文化概论[M]. 北京：世界图书出版公司，2013.

[9] 曾长秋. 中国传统文化[M]. 长沙：中南大学出版社，2004.

[10] 程为民. 当代大学生中华优秀传统文化认同研究[D]. 武汉：武汉大学，2017.

[11] 巩立超. 新媒体时代中华优秀传统文化的传承与发展策略[J]. 商业经济，2023（02）：152-153.

[12] 秦冰馥. 中华优秀传统文化融入高校思想政治教育研究[D]. 长春：东北师范大学，2021.

[13] 贾锦涛. 新时代中华优秀传统文化创新性发展路径研究[D]. 长春：吉林大学，2021.

[14] 铁凝. 传承弘扬中华优秀传统文化 为实现中华民族伟大复兴提供强大精神推动力[J]. 旗帜，2022（07）：12-14.

[15] 张凯之. 中华人文精神[M]. 西安：西北大学出版社，1997.

[16] 李林，互动共赢 智慧城市与传统文化[M]. 武汉：华中科技大学出版社，2017.

[17] 高闰青. 中国优秀传统文化在家庭教育中的传承[J]. 当代教育与文化，2022（05）：90-94.

[18] 吴慰慈. 图书馆学基础[M]. 北京：高等教育出版社，2004.

[19] 吴慰慈，董焱. 图书馆学概论[M]. 北京：国家图书馆出版社，2019.

[20] 赵达雄. 图书馆四大职能的传承与创新[J]. 北京图书馆馆刊，1999（03）：76-79.

[21] 程焕文.21世纪城市公共图书馆的使命[J].图书馆，2013（06）：1-5.

[22] 吴建中.从未来看现在——图书馆发展的下一个十年[J].图书馆建设，2016（01）：4-9.

[23] 吴建中.高质量社会发展背景下图书馆面临的新课题[J].图书馆建设，2018（04）：31-34.

[24] 石艳霞，曹树金.自主创新战略下图书馆职能的新定位[J].图书情报工作，2007（08）：92-95.

[25] 郭文雯.图书馆发展史回顾[J].才智，2015（19）：346.

[26] 张书增.补齐公共图书馆发展短板[N].光明日报，2023-01-11（02）.

[27] 李瑞欢.公共图书馆工作实务[M].北京：现代出版社，2018.

[28] 中国政府网.中华人民共和国公共图书馆法[EB/OL].[2023-02-01].http：//www.gov.cn/xinwen/2017-11/05/content_5237326.htm.

[29] GB/T 87.1-2021，《公共图书馆业务规范 第1部分：省级公共图书馆》[S].

[30] 陈凤娟.阅读立法环境下全民阅读推广研究的分析与评价——基于CNKI（2000—2015年）[J].图书馆工作与研究，2016（10）：72-76.

[31] 王余光，徐雁.中国读书大辞典[M].南京：南京大学出版社，1993.

[32] [阿根廷]博尔赫斯.博尔赫斯全集[M].王永年，林之木，译.杭州：浙江文艺出版社，1999.

[33] [意]卡尔维诺.为什么读经典[M].黄灿然，李桂蜜，译.南京：译林出版社，2006.

[34] [英]伍尔芙.伍尔芙随笔全集Ⅰ普通读者[M].石云龙，刘炳善，孙亮，等，译.北京：中国社会科学出版社，2001.

[35] 陈雪.全民阅读发展态势总体向好——细看第十九次全国国民阅读

调查成果 [N]. 光明日报，2022-04-24（04）.

[36] 极客公园网. 如何为用户提供更好的阅读体验 [EB/OL].[2023-02-01]. http：//www.geekpark.net/topic/114052.

[37] 吕廷杰，李易，周军. 移动的力量 [M]. 北京：电子工业出版社，2014.

[38] 新浪网. 经典图书出版渐趋频密 经典阅读时代将重来？[EB/OL]. [2023-02-01].http：//news.sina.com.cn/o/2007-12-27/111213153956s.shtml.

[39] 潘伯明. 国图经典名著阅览区的功用和建设 [J]. 现代情报，2009（07）：148-150.

[40] 詹越. 公共文化服务体系中公共图书馆地位及作用探讨 [J]. 图书馆论坛，2008（04）：20-23.

[41] 夏勉. 新时代公共图书馆传统节日文化传承创新研究 [D]. 湖南：南华大学，2020.

[42] 桑琳. 公共图书馆的人文服务——兼论哈尔滨市图书馆人文服务的工作实践 [J]. 科技情报开发与经济，2012（13）：73-75.

[43] 柯平，尹静. 省级公共图书馆在公共文化服务体系中的功能定位 [J]. 国家图书馆学刊，2008（04）：40-45.

[44] 王以君. 网络环境下图书馆文化传播的增值效应 [J]. 武汉大学学报（哲学社会科学版），2009（04）：570-573.

[45] 闫爽. 图书馆传承中华民族优秀传统文化策略研究 [J]. 内蒙古科技与经济，2020（05）：100-101.

[46] 张智敏. 公共图书馆在文化振兴中的建设模式与发展策略 [J]. 河南图书馆学刊，2022（10）：13-14.

[47] 伍德嫦. 公共图书馆文旅融合实践探索回顾与展望 [J]. 图书馆研究，

2021（02）：34-40.

[48] 宋淑娜.公共图书馆基于地方红色资源的服务供给与创新[J].河南图书馆学刊，2022（06）：25-27.

[49] 闫宏伟.试论公共图书馆的办馆理念[J].河南图书馆学刊，2021（05）：23-25.

[50] 万叶君,打造新型党建主题特色阅读空间的实践与探索——以苏州图书馆"红色活力站"为例[J].图书馆学刊，2022（02）：10-15.

[51] 于琦."图书馆+书院"服务模式的现状与发展策略研究[J].图书馆研究与工作，2022（02）：77-81.

[52] 薛玉芳.传承中华优秀传统文化的实践与思考——"图书馆+书院"模式[J].河南图书馆学刊，2022（04）：82-84.

[53] 焦扬.法治时代公共图书馆服务发展探索[J].河南图书馆学刊，2019（04）：9-12.

[54] 庄园姝.地市级公共图书馆基础业务的发展现状与趋势应对研究——以上海市普陀区图书馆为例[J].图书馆建设，2019（S1）：124-129.

[55] 颜雨钦.我国省级公共图书馆短视频阅读推广研究[D].福州：福建师范大学：2022.

[56] 杨宇哲.公共图书馆阅读推广服务创新研究[D].南昌：南昌大学，2021.

[57] 万晓庆.安徽省地市级公共图书馆阅读推广活动现状调查与分析[D].合肥：安徽大学，2019.

[58] 兰晶.图书馆时尚阅读推广的探索——以北京大学"密室逃脱"阅读推广为例[J].四川图书馆学报，2017（05）：63-66.

[59] 李晓旭.安徽省内公共图书馆经典阅读推广发展策略研究[D].合肥：

安徽大学，2021.

[60] 栾雪梅.经典阅读推广的误区及对策研究[J].图书情报工作，2015（02）：51-55.

[61] 饶宗政.现代文献检索与利用[M].北京：机械工业出版社，2019.

[62] [英]维克托·迈尔-舍恩伯，肯尼思·库克耶.大数据时代[M].周涛，等，译.杭州：浙江人民出版社，2013.

[63] .大数据环境下图书馆文献资源建设模式的变革[J].图书情报工作，2015（18），91-94.

[64] 黄敬惟.数字化助推古籍"活"起来传下去[N].人民日报海外版，2023-01-13（07）.

[65] 陈力.数字时代图书馆的文献信息资源建设[J].西华大学学报（哲学社会科学版），2020（04）：1-12.

[66] 张琳.国家图书馆数字资源建设实践与思考[J].河北科技图苑，2021（03）：26-31.

[67] 朱自清.经典常谈[M].昆明：云南人民出版社，2015.

[68] 熊静，王丽丽.近二十年来中国传统经典推荐书目综论[J].图书馆建设，2020（05）：14-24.

[69] 王连君.梁启超与胡适两种国学书目之比较[J].图书馆学刊，2016（03）：109-110.

[70] 王余光，邓咏秋.名著的选择[M].昆明：云南人民出版社，1999.

[71] 邓咏秋，李天英.中外推荐书目一百种[M].西安：陕西师范大学出版社，2001.

[72] 王余光.论阅读传统经典[J].北京大学学报（哲学社会科学版），2001（01）：110-116.

[73] 王春迎，朱坤豪，周知.我国省级公共图书馆红色文化资源建设与发展研究[J]，图书馆学研究.2022（2）：38-47.

[74] 熊远明.新时代图书馆与中华优秀传统文化传承发展——在第十三届南图阅读节·嘉惠论坛上的讲话[J].新世纪图书馆，2022（07）：5-9.

[75] 刘兹恒.后疫情时代图书馆文献资源建设的过去和未来[N].图书馆报，2020-12-25（03）.

[76] 宋丹.公共图书馆文献资源建设的路径探索[J].科技创新导报，2016（30）：178-179.

[77] 侯文华.新媒体时代探索国学经典阅读推广的有效途径[J].高校图书馆工作，2019（05）：54-57.

[78] 蓝珊.公共图书馆继承和弘扬中华优秀传统文化的路径探析——以柳州市柳南区图书馆为例[J].文化产业，2022（25）：79-81.

[79] 郭文玲.我国图书馆传统文化阅读推广研究现状与分析[J].图书情报工作,2019(16)：121-131.

[80] 陈雪.让书写在古籍里的文字活起来[N].光明日报，2022-06-22(09).

[81] 舒晋瑜.智慧图书馆：全媒体阅读时代的文化粮仓[N].中华读书报，2022-11-16（08）.

[82] 李朋真，严丹，蔡迎春.红色文献数据库的建设现状及优化策略研究[J].高校图书馆工作，2022（01）：29-36.

[83] 刘梅.图书馆古籍开发研究[D].西安：陕西师范大学，2009.

[84] 冉华，张楠.文化传承视域下图书馆古籍开发利用探析——以河北省图书馆为例[J].河北科技图苑，2022（04）：24-28.

[85] 李婷.在红色珍稀文献中感悟党的百年奋斗历程[N].文汇报，2021-06-27（05）.

[86] 王爽, 王卓杰, 张丹, 李佳. 辽宁省图书馆红色文献工作现状与高质量发展思考[J]. 图书馆学刊, 2021（12）: 1-5.

[87] 金琳琳. 知识服务视角下民国报纸数字资源建设实践与思考——以国家图书馆为例[J]. 图书馆工作与研究, 2022（S1）: 83-88.

[88] 伍玉伟, 洪芳林, 毛望平. 我国公共图书馆阅读推广空间建设实践进展研究[J]. 图书馆工作与研究, 2021（12）: 32-40.

[89] 刘志国, 刘蕾. 图书馆空间服务理论体系的构建研究[M]. 北京: 中国书籍出版社, 2021.

[90] 涂爱荣. 新时代文化育人研究公共图书馆工作实务[M]. 北京: 九州出版社, 2021.

[91] 新华网. 新技术赋能新阅读 国家图书馆开放新阅读空间.[EB/OL]. [2023-02-01].http: //www.xinhuanet.com/book/2021-06/08/c_139996301.htm.

[92] 刘岩, 崔为. 图书馆开展中华优秀传统文化服务的创新模式探究——以"图书馆+书院"模式为例[J]. 国家图书馆学刊, 2017（05）: 68-74.

[93] 张亚娜. 新技术背景下图书馆空间发展研究[D]. 保定: 河北大学, 2017.

[94] 熊泽泉, 段宇锋. 上海图书馆"创·新空间"[J]. 图书馆杂志, 2018（02）: 26-32.

[95] 江芸. 以服务创新为导向的图书馆空间再造研究[J]. 图书馆理论与实践, 2022（03）: 44-50.

[96] 衣晓冰, 孙鹏. 面向创新的图书馆多元空间再造与服务实践——以沈阳师范大学图书馆为例[J]. 大学图书情报学刊, 2020（04）: 103-107.

[97] 许子媛. 空间生产视角下的图书馆空间与服务转型探讨[J]. 国家图书馆学刊, 2015（05）: 99-104.

[98] 王利敏.图书馆空间服务构建策略[J].创新科技,2017(03):94-96.

[99] 朱华赠.公共图书馆空间再造的优化建构思考[J].新世纪图书馆,2020(11):49-52.

[100] 董莹.基于图书馆空间再造创新服务之探究[J].新世纪图书馆,2017(09):24-27.

[101] 澎湃网.精准把握文化强国建设的"三大文化"着力点[EB/OL].[2023-03-09].https://www.thepaper.cn/newsDetail_forward_10522903.

[102] 陈顺."图书馆+书院"模式的形成、发展与构成要素研究[J].福建图书馆学刊,2019(02):3-7.

[103] 赵卫东.德、才、功:当代新兴书院的基本精神[J].大学教育科学,2017(05):16-20.

[104] 王天泥,李芳菲.公共图书馆空间再造的典型实践与创新发展[J].图书馆学刊,2021(11):30-34.

[105] 章洁,伍玉伟.公共图书馆创客空间服务实践与探索——以广州图书馆创客空间为例[J].图书馆学研究,2019(12):17-25.

[106] 陈三保.新形势下图书馆服务与创新[M].昆明:云南科技出版社,2018.

[107] 张岩.从经典阅读到返本开新的文化建设——以深圳图书馆"南书房"经典阅读空间为例[J].图书馆论坛,2016(01):61-66.

[108] 刘月学,吴凡,高音.图书馆服务与服务体系研究[M].咸阳:西北农林科技大学出版社,2018.

[109] 马祥涛."图书馆+书院"服务模式的理论与实践述略[J].新世纪图书馆,2018(10):88-92.

[110] 赵晋."公共图书馆+书院"阅读推广实践与思考[J].图书馆研究与工作,2019(07):53-56.

[111] 李西宁.中国书院与阅读推广[M].北京:朝华出版社,2020.

[112] 陈幼华,蒋丽丽.图书馆经典阅读推广体系与平台设计研究[J].大学图书馆学报,2006(06):70-76.

[113] 饶权.回顾与前瞻:图书馆转型发展面临的问题与思考[J].中国图书馆学报,2020(01):4-15.

[114] 范并思.图书馆阅读推广的合理性审视[J].图书情报工作,2017(23):34-39.

[115] 茆意宏.数字阅读推广的概念、机制与模式[J].图书情报知识,2020(02):51-59.

[116] 孙鹏,王振伟.图书馆数字阅读推广服务创新路径研究[J].图书馆工作与研究,2017(11):53-56.

[117] 严玲艳,胡泊.美国公共图书馆儿童数字阅读推广实践调查及启示[J].图书情报工作,2018(04):137-144.

[118] 冯莉.玩具馆服务对儿童阅读行为促进性的分析与研究——以广州图书馆为例[J].四川图书馆学报,2020(02):80-85.

[119] 钱红红.图书馆数字阅读推广的发展与实施策略——基于《2018年度中国数字阅读白皮书》的启示[J].图书与情报,2019(02):72-75.

[120] 李志杰,熊伟.图书馆经典阅读推广专业支持系统建设[J].图书馆工作与研究,2018(03):92-96.

[121] 杨广锋.经典阅读推广服务化转型及模式建构[J].图书馆建设,2019(S1):63-66.

[122] 张思瑶.以人为镜,鉴彼知己——基于分类读物推广理念的"传记

读物阅览室"建设[J].图书馆杂志,2019(11):49-55.

[123] 王宇,刘偲偲.经典阅读:图书馆阅读推广的永恒主题——以沈阳师范大学图书馆为例[J].图书情报工作,2017(06):11-15.

[124] 朱原谅,周梅."五维一体"的大学经典阅读体系构建与实践——以常熟理工学院为例[J].图书情报工作,2017(12):101-105.

[125] 王玮.从绘本推广到阅读推广——我国绘本阅读推广的理论建设探讨[J].出版广角,2017(16):28-30.

[126] 芦婷婷,邓文池.影响因素视角下的图书馆儿童绘本阅读推广探析[J].图书馆建设,2017(03):55-60.

[127] 万宇.多元理论维度中的儿童阅读空间构建——以我国公共图书馆儿童阅览室为例[J].图书馆杂志,2014(04):42-47.

[128] 蒋楹.基于阅读素养视角的学校图书馆阅读推广的实践性研究[J].图书馆建设,2019(S1):70-73.

[129] 王宇,王磊,尹丽馨.图书馆信息素养教育与空间再造的融合[J].图书馆学刊,2019(01):4-7.

[130] 焦海霞.基于创客空间的图书馆信息素养教育体系构建与运行机制研究[J].图书馆学研究,2018(19):20-27.

[131] 向琳艳,陈全松,毕媛媛.基于艺术素养教育的高校图书馆创新服务研究——以厦门大学图书馆"影像创意空间"为例[J].图书馆建设,2017(01):85-90.

[132] 范并思.拓展图书馆阅读推广的理论疆域[J].图书情报知识,2019(06):4-11.

[133] 环球网.中国新闻出版研究院发布第十九次全国国民阅读调查结果[EB/OL].[2023-02-01].https://3w.huanqiu.com/a/26ef70/47ix20UIt5x.

[134] 李苑.国内首家钢琴主题分馆在拱墅区开馆[J].杭州，2019（20）：60.

[135] 王敏，徐宽.美国图书馆创客空间实践对我国的借鉴研究[J].图书情报工作，2013（12）：97-100.

[136] 柯平.图书馆未来2035与"十四五"规划编制[J].图书馆杂志，2020（10）：13-17.

[137] 李桂华.深阅读：概念构建与路径探索[J].中国图书馆学报，2017（06）：50-62.

[138] 丁沫.我国主题图书馆建设现状的调查分析[J].河南图书馆学刊，2015（05）：102-104.

[139] 管卫东.图书馆线上阅读空间发展研究[J].图书馆工作与研究，2021（02）：15-20.

[140] 范红，闫小斌.现代图书馆空间变迁逻辑与再造实践[J].图书馆，2020（04）：72-78.

[141] 刘景会.公共图书馆主题空间再造实践与思考——以江西省图书馆红色图书馆为例[J].图书馆工作与研究，2022（04）：102-107.

[142] 陆滢竹.图书馆设立经典阅览室的现状与思考[J].图书馆建设，2020（05）：9-13.

[143] 张婷.公共图书馆国学阅读推广的实践与思考——以南京图书馆国学馆建设为例[J].图书馆研究与工作，2017（12）：60-62.

[144] 向明.太原市图书馆马克思书房：构建公共图书馆红色经典阅读空间[J].文化月刊，2021（06）：104-105.

[145] 钟伟.中外公共图书馆空间再造的实践与研究[J].图书馆，2020（12）：55-60.

[146] 奚惠娟.公共图书馆读者活动区域协同开展初探[J].图书馆杂志，2010（06）：38-47.

[147] 赵景国.公共图书馆开展读书活动初探[J].图书馆理论与实践，1989（02）：18-20.

[148] 贺美华，邓文池.现代省级公共图书馆功能定位的思考及构建[J].图书馆，2020（05）：1-6.

[149] 张欣，孟志丹.紧密围绕核心业务目标构建立体阅读推广体系——辽宁省图书馆读者活动回顾与展望[J].图书馆学刊，2018（08）：31-36.

[150] 王世伟.图书馆讲座工作引论[J].图书馆学研究，2005（10）：84-86.

[151] 王纲.省级公共图书馆读者活动开展现状调研与优化路径研究[J].四川图书馆学报，2020（05）：56-60.

[152] 王世伟.对公共图书馆"传承文明、服务社会"三大功能的再认识[J].图书馆杂志，2019（10）：24-28.

[153] 罗忠凤，马玉妍，李晓辉.2015—2019年"中国高校图书馆发展论坛"阅读推广获奖案例研究[J].大学图书情报学刊，2021（04）：59-64.

[154] 申晓娟.建设以人为中心的图书馆[J].图书馆建设，2021（06）：4-5.

[155] 江凌.公共图书馆的文化治理性与治理能力提升策略[J].治理现代化研究，2022（02）：60-68.

[156] 张丽娟.省级公共图书馆古籍阅读推广研究[D].济南：山东师范大学，2022.

[157] 谭翔尹.游戏化：公共图书馆中华传统经典阅读推广的模式再造——以广东省立中山图书馆"梦回大唐"为例[J].国家图书馆学刊，2022（03）：62-73.

[158] 童忠勇. 互联网环境下公共图书馆服务创新及运营策略研究——以国家图书馆国图公开课为例[J]. 图书情报导刊, 2022（05）: 7-11.

[159] 屈菡. "互联网+"让阅读更加便捷[N]. 中国文化报, 2016-06-03（01）.

[160] 张萍. 为构建和谐社会做好老年读者服务工作[J]. 福建图书馆理论与实践, 2006（02）: 43-44.

[161] 宋萌. 打造公共图书馆讲座活动的"新时代版"——以苏州市九所公共图书馆公益讲座为中心[J]. 山东图书馆学刊, 2018（03）: 105-108.

[162] 王波. 图书馆阅读推广亟待研究的若干问题[J]. 图书与情报, 2011（05）: 32-35.

[163] 李楠. MOOC背景下公共图书馆服务策略研究——以"国图公开课"为例[J]. 图书馆学研究, 2017（03）: 83-86.

[164] 中国新闻网. 国图公开课首次走出国家图书馆举办线下特别活动[EB/OL].[2023-02-01].https://www.chinanews.com/cul/2015/12-14/7670824.shtml.

[165] 安载良. 图书馆在线教育推进社会教育均等化的策略和能效探析[J]. 图书馆研究与工作, 2020（11）: 45-49.

[166] 周笑盈, 魏大威. 数字人文背景下基于需求的知识可视化方法研究: 以国图公开课的视频内容可视化为例[J]. 图书馆, 2020（01）: 20-28.

[167] 蒋露娟. 智慧赋能公共图书馆地方特色数字资源推广的实践与思考——以广西壮族自治区图书馆为例[J]. 图书馆研究, 2022（05）: 75-79.

[168] 屈义华. 阅读政策与图书馆阅读推广[M]. 北京: 朝华出版社, 2020.

[169] 李继海. 提高公共图书馆公益讲座上座率的方法探讨——以"大众讲坛"为例[J]. 人文天下, 2019（18）: 40-44.

[170] 光明网."古籍保护·我同行——古籍修复技艺进校园"系列报道专题[EB/OL].[2023-02-01].https://topics.gmw.cn/node_123587.htm.

[171] 王毅,雷鸣.面向阅读推广的公共图书馆文创产品开发研究[J].图书馆杂志,2020(05):28-42.

[172] 中国政府网.国务院办公厅转发文化部等部门关于推动文化文物单位文化创意产品开发若干意见的通知[EB/OL].[2023-02-01].http://www.gov.cn/zhengce/content/2016-05/16/content_5073722.htm.

[173] 袁梦婷.引入社会力量 助力图书馆文创开发——以南京图书馆为例[J].文化学刊,2020(11):108-110.

[174] 国家统计局.2021年全国规模以上文化及相关产业企业营业收入增长16.0%[EB/OL].[2023-02-01].http://www.stats.gov.cn/tjsj/zxfb/202201/t20220130_1827162.html.

[175] 伍力."公共图书馆+书院"模式助力中华优秀传统文化推广的实践与思考[J].内蒙古科技与经济,2020(04):102-103.

[176] 张莉.讲好中华典籍故事,弘扬优秀传统文化——"图书馆+书院"公共文化服务模式探析[J].内蒙古科技与经济,2019(11):144-147.

[177] 裴彤.新文创时代故宫文创的品牌特色研究[J].传媒论坛,2020(03):136-138.

[178] 中国日报网.博物馆现"集体上天猫潮":24家已入驻,光故宫就开了6家店[EB/OL].[2023-02-01].https://ent.chinadaily.com.cn/a/201908/15/WS5d551c66a31099ab995d9bd7.html.

[179] 张奎.中华优秀传统文化传承利用视角下短视频产业创新发展路径探析[J].出版发行研究,2020(05):30-37.

[180] 余雪霏.文博类综艺节目的故事化表达与仪式化呈现——以《国家

宝藏》为例[J].视听，2020（05）：38-39.

[181] 李雪钦.文旅魅力，"云"端绽放[J].人民周刊，2020（05）：62-63.

[182] 张飞，王曦.旅游产业与文化创意产业融合发展研究[J].旅游纵览，2016（4）：302.

[183] 姚春燕，查志强.大学图书馆与文化传承创新［M］.沈阳：辽宁人民出版社，2021.

[184] 虞乐.2021年公共图书馆发展新变：新主题·新技术·新模式[J].出版广角，2022（07）：92-96.

[185] 蔡秀金.文化科技融合背景下公共图书馆的实践与发展[J].河南图书馆学刊，2022（05）：34-37.

[186] 王雷.新媒体时代中华优秀传统文化的网络传播路径[J].新闻研究导刊，2022（17）：10-12.

[187] 姜念云.文化与科技融合的内涵、意义与目标[N].中国文化报，2012-02-14（03）.

[188] 张拢堂.甘肃图书馆：赋予文创更多想象力[N].中国旅游报，2019-01-28（04）.

[189] 刘涵.一馆一文创——全国图书馆文化创意产品开发联盟[J].兰台世界，2022（03）：117-121.

[190] 敦文杰.新技术环境下图书馆对传统文化的传承与发展[J].图书馆学刊，2019（12）：30-35.

[191] 周笑盈，魏大威.文化科技融合背景下传统文化传承的实践与特征[J].数字图书馆论坛，2020（08）：29-35.

[192] 陆路，秦升.文旅融合背景下的公共数字文化服务创新发展——

以陕西省图书馆"智能文化云地标"的建设实践为例[J].国家图书馆学刊,2020(02):32-40.

[193] 周笑盈.国家图书馆"《永乐大典》VR全景文化典籍"实践探索——虚拟现实赋能图书馆沉浸式阅读推广的创新路径[J].国家图书馆学刊,2022(06):80-89.

[194] 5G全景VR《永乐大典》[N].中国旅游报(数字报),2021-12-10(04).

# 后　记

　　公共图书馆作为公共文化服务体系的重要一环，承担着保存与传承中华优秀传统文化的重任，是由新时代文化事业建设、践行图书馆精神和使命、发挥图书馆资源优势的时代需求共同决定的。准确把握角色定位，公共图书馆传承中华优秀传统文化应当突出特色，发挥其社会教育职能，以阅读推广为载体，以文献资源为中心，从典籍、藏书中提炼文化内涵，围绕与"书"相关却又不拘泥于"书"的优秀传统文化"做文章"，创新推广与表现模式，让更多的中华优秀传统文化被大众学习与掌握，是时代赋予公共图书馆人的机遇与使命。

　　为了回应上述时代需求，本书在编著过程中密切关注公共图书馆事业与优秀传统文化传承的相关问题，从阅读推广、文献资源、传统文化空间、读者活动、文化与科技融合等多个角度，探讨了公共图书馆在优秀传统文化传承工作中的职能与定位、文化传承的模式、优秀案例等，为公共图书馆开展相关工作提供了参考。

| 后记 |

在辽宁省图书馆工作多年，太多的人给予笔者太多的帮助，谨以此书向他们表达真诚的谢意！特别感谢图书馆的前辈于荣全老师，对我而言堪称良师益友，他敬业实干的工作态度、孜孜不倦的科研精神触动着笔者，他的引领和提携使笔者精进不休；感谢图书馆中笔者身边的年轻的小伙伴们，芦艺、赵瑞、刘慧慧，她们思维敏捷，进取心强，"后浪"与"前浪"同力协契，让彼此都取得了长足的进步。在暖暖的感动之余，笔者更加深切地感受到学无止境，公共图书馆事业的发展"路曼曼其修远兮"，汲取图书馆蕴含的满满的文化自信，"吾将上下而求索"！

本书在撰写过程中参考了大量同行专家宝贵的理论和实践成果，保证了书稿的科学性和高起点，谨此致敬！

春光正好，花开满径。《公共图书馆传承中华优秀传统文化的角色与定位》一书即将正式出版，欣喜之余内心也有一些惶恐。由于时间紧迫、水平有限，难免有疏漏偏颇之处，请同行们不吝赐教。

李亚冰

2023年4月20日